AF345000

Brigitte HUE-PILLETTE

Un je t'aime,
Deux je te suis,
Trois je te tue…

À D...

Recueil de nouvelles

Ces cinq nouvelles nous font voyager dans l'univers étrange des contes et du fantastique.

Quel feu illumine Venise, un soir de carnaval, et conduit deux amants vers une curieuse lune de miel ?

Où conduisent les pas de la reine du jardin rouge ?

Que dessine le jeune apprenti du Maître des tatouages ?

Quelle relation perverse unit Lucile et Kate ?

Que cache la grande maison où joue la petite voisine ?

Autant d'énigmes et de secrets que vous découvrirez en lisant ces cinq nouvelles,

Où la frontière entre le rêve et la réalité se perd dans les brumes et la nuit...

L'auteur manie l'intrigue qui nous conduit entre le songe et le cauchemar, et nous entraine, pour notre plus grand plaisir, vers un dénouement inattendu...

LUCILE ET KATE

« *Tous deux étaient nus, l'homme et la femme, sans se faire mutuellement honte...* »
Le serpent dit à la femme : « non vous ne mourrez pas. Mais Dieu sait que le jour où vous en mangerez, vos yeux s'ouvriront et vous serez comme des dieux possédant la connaissance de ce qui est bon ou mauvais... »
(La genèse, hors du jardin d'éden.)

LUCILE ET KATE

Lucile a douze ans. Elle est une petite fille solitaire, vivant entre son père et sa mère, perdue dans ses rêves d'enfant.

Elle joue avec ses poupées, sa petite chienne, couchée en boule sur son lit. Quand elle s'ennuie, elle descend dans la grande cuisine aux murs peints en jaune, manger un morceau de chocolat, pour parler ou voir quelqu'un. Antonia, la bonne, est toujours présente dans la maison. Discrète et fidèle, Antonia habite la solitude de leur maison de sa présence attentionnée. Aussi loin que Lucile se souvienne, Antonia est là, simple, attentive, constante. Elle vit avec eux, dans une petite chambre sous le bureau de son père. Antonia effectue les tâches domestiques, répond aux coups de sonnettes des clients de son père, aux appels téléphoniques. Antonia est une perle.

Ce jour-là, Antonia, prépare, dans la cuisine, une omelette aux champignons, une tortilla. Lucile adore les tortillas d'Antonia. Alléchée par l'odeur, Lucile d'arrête, et cherche à connaître l'humeur d'Antonia.

Antonia lève les yeux du bol où elle casse les œufs et voit l'enfant silencieuse, qui s'est arrêtée et la regarde :

– Tu en veux un peu? Je peux te faire cuire une petite part et tu me diras si elle est bonne, le reste est pour ton père à midi…

Ah là là, je fais une tortilla pour ton père à midi, mais il est toujours pressé, ton père, toujours en retard, jamais le temps pour manger ou s'arrêter un peu, on se demande après quoi il court, il faudrait bien qu'il se calme un jour quand même. Et ta mère elle est encore au lit? Ah ! Elle aussi il faudra bien qu'elle change quand même…

Antonia veille sur le bien être de Bernard, jalousement et sous ses airs bougons prend soin de lui. Lucile toujours muette acquiesce et dévore la part de tortilla qu'Antonia lui a fait cuire. Lucile mange n'importe quoi, n'importe comment, de préférence jamais à table. Elle déteste rester à table. Lors des dîners que ses parents donnent parfois, elle se cache dans la remise pour ne pas avoir à venir dire bonjour aux invités. Elle croque parfois dans un bout de fromage remisé là en attendant d'être servi. Un jour, Antonia a vu arriver sur la table un beaufort dans lequel la petite fille avait mordu. Il restait la trace des dents sur la pâte. Les invités ont souri, Kate a froncé les sourcils, et Bernard ne s'est rendu compte de rien.

Lucile, une fois la tortilla avalée, erre dans la maison, désœuvrée et sans but. Elle redoute particulièrement les week-ends, lorsque son père ne travaille pas. Car ses parents s'absentent fréquemment, et Antonia se repose dans sa chambre ou reçoit son amoureux. Alors, Lucile hante les pièces de sa silhouette disgracieuse et dégingandée, de poulain poussé trop tôt. Même sa chienne ne peut modifier sa mélancolie.

Lorsqu'Antonia fait le ménage, Lucile, s'amuse à suivre Antonia de pièces en pièces, sans que celle-ci la voit. Elle suit l'aspirateur, les chiffons doux de couleurs vives avec lesquels Antonia époussette les meubles et les bibelots. Elle écoute les ronchonnements d'Antonia :

– Et cette pendule, jamais à l'heure, j'ai beau la remonter chaque matin, elle est toujours en retard et elle sonne jamais en même temps que l'église, parlant de l'église Antonia se signe, prestement.
Elle est une fervente croyante, une bigote invétérée, comme Bernard, d'ailleurs, qui assiste à l'office chaque dimanche, avec elle, sans que jamais dans la basilique ces deux-là ne se rencontrent.

Bernard est au fond de l'église et Antonia, au premier rang boit les paroles du curé, qui, il est vrai, est par ailleurs fort joli garçon. Lucile, bercée par les « *râleries* »de la vieille domestique, sait se faire oublier. Elle cultive l'art étrange d'être invisible. Elle a remarqué que si on passe à côté d'un adulte occupé à autre chose, la grande personne, neuf fois sur dix, ne reconnait pas l'enfant, invisible à ses côtés. Le pompon revient à son père qui ne reconnait pas les enfants de ses patientes même quand elles les lui amènent.

Lucile pense qu'un jour il pourrait l'oublier. Elle se souvient que lorsqu'elle était petite, il l'avait laissée dans l'arrière-boutique du buraliste, qui était un de ses clients, pour qu'elle puisse lire tout son saoul les bande dessinées. Son père est revenu la chercher deux heures plus tard, sous l'injonction téléphonique du commerçant. Bernard avait oublié sa fille.

Un autre soir, chez eux, alors que Lucile descendait l'escalier pour accueillir sa mère, découvre celle-ci, revenant de chez le coiffeur, les cheveux teints en brun. La petite fille marque un temps d'arrêt et a dit à sa mère :

— *Tu es une nouvelle maman? Tu as changé de cheveux ?*
Ce qui provoque l'hilarité chez sa mère:

— *Mais non ma chérie, comme on, je suis toujours your mammy, ahahah, you are so funny!*

L'anglais à ce moment précis se disloqua. La langue, par ailleurs familière devint étrangère à la petite fille. En un instant, Lucile perdit l'anglais et sa mère.

De ce jour, Lucile ne parla plus jamais anglais, malgré les efforts répétés de Kate, pour entretenir chez sa fille une familiarité avec sa langue maternelle.

Lucile connait chaque objet, chaque meuble, chaque coussin de leur maison design, blanche et très propre. Elle ressent la texture, l'odeur, le toucher des objets qui donnent un semblant de vie à un univers immaculé. Lucile cherche le défaut, la faille qui lui donnent une idée de la vie. Parfois, elle suit l'arrête d'un meuble, et récolte une écharde sur le pouce. Les gouttes de sang, la douleur vive, la rappellent au monde. Il lui vient l'idée rapide et brève, qu'elle pourrait-elle même faire couler le sang de ses poignets. Pour l'instant elle ne va pas plus loin, se contentant d'arpenter la maison vide, un peu oubliée de la vie, à moins que ce soit la vie qui oublie Lucile. Kate, la mère de Lucile, est une très belle femme, d'origine anglaise, que son père a épousée sur un coup de tête, et un coup de foudre alors qu'ils avaient seize ans.

Kate venait passer un été dans une famille française, sur la côte atlantique. François, Le meilleur ami de Bernard, avait reçu la jeune fille au début du mois de juin. Il l'avait trainée au lycée, pour les derniers cours de l'année, et de leur scolarité.

A son corps défendant, ne sachant que faire de la présence de cette jeune fille, dont la beauté fragile l'encombrait. François avait vite rejoint sa bande de potes, abandonnant Kate, fardeau trop lourd, pour lui. Bernard ne tarda pas à tomber sous le charme candide de la jeune anglaise, et comme il était de loin le plus beau, il emporta ses faveurs. François s'était octroyé le rang de meilleur ami. Les cours prirent fin, la famille de François émigra dans leur maison de vacances sur le bassin d'Arcachon. Bernard, comme chaque été, y était un invité permanent ainsi que plusieurs amis des trois frères de François. La maison était grande. Elle hébergeait les amis, parents et grands-parents, en tout une quinzaine de personnes logeaient l'été chez François.

L'idylle de Kate et Bernard était entrée dans les mœurs, aussi lorsque la jeune fille, en septembre, se déclara enceinte, il sembla naturel que Bernard l'épouse. Il était inscrit en première année de médecine et promis à un brillant avenir.

Lucile naquit en juin, l'année suivante. Elle était un bébé facile, qui grandissait sans aucune difficulté.

Kate retomba enceinte un mois plus tard, elle se remettait à peine des fatigues d'une première grossesse.

LUCILE ET KATE

Bernard très investi dans ses études et accaparé par les exigences de la formation de médecin, ne vit pas venir le drame.

Kate, enceinte de six mois, tomba alors qu'elle cherchait à rattraper Lucile qui courait derrière un pigeon, et risquait de traverser la route sans regarder.

Kate attrapa Lucile, fit un faux pas, glissa et tomba sur la chaussée. Le choc fut violent, elle perdit connaissance.

Un passant, témoin de la scène, conduisit Kate et Lucile à la clinique la plus proche. Kate y fut admise en urgence. La mère de Bernard vint chercher Lucile. Au petit matin, Kate fit une fausse couche, à six mois de grossesse.

Quand la jeune femme âgée seulement de dix-huit ans rentra à la petite maison qu'ils louaient aux parents de Bernard, elle n'était plus la même.

Une mélancolie persistante et une fatigue récurrente l'empêchaient d'effectuer les tâches ménagères et de donner ses cours d'anglais dans l'institut où elle avait trouvé une place sans difficulté.

Kate resta trois mois dans un état dépressif, triste, désœuvrée et sans énergie.

Henriette, la mère dc Bernard réagit vigoureusement.

Elle les aida, fut présente près de Kate, et embaucha Antonia en leur proposant de payer ses gages.

Trois mois, plus tard, Kate retourna à la clinique pour une visite post opératoire, de routine Le chirurgien qui l'avait opérée était absent. Son remplaçant était beaucoup plus jeune que lui et de quinze ans plus âgé que Kate.

Il en tomba éperdument amoureux.

Au début, Kate ne fit pas attention à lui. Elle ne trouvait rien à redire au fait qu'il lui fixe des rendez-vous réguliers, « *pour parler* » et effectuer des contrôles de routine.

Un matin, Guillaume, quitta son poste à la clinique et lui dit qu'il ne la recevrait à son cabinet privé, en ville. Kate, qui, au fur et à mesure de ses visites n'était pas insensible au charme du beau chirurgien, se laissa facilement convaincre.

Guillaume et sa femme, Madeleine, furent invités, un soir, chez Bernard et Kate. Les deux hommes sympathisèrent.

Bientôt, les deux couples sortirent de plus en plus, ensemble, au théâtre, au restaurant, chez des amis communs. La mélancolie de Kate, disparut. Bernard reçu à l'internat, opta pour une carrière de généraliste.

Entre temps, Kate et Guillaume étaient devenus amants.

Lucile a sept ans. Aussi loin qu'elle remonte dans le passé, elle se souvient du parfum de Guillaume, un aftershave poivré et une odeur de tabac blond mêlés, flottant dans la maison lorsqu'à cinq heures, chaque soir, il passe saluer sa mère.

Lucile se tient en haut des marches. Le coude du grand escalier de marbre blanc, la dissimule aux yeux des adultes. Le heurtoir en bronze sur la porte fait un bruit sourd et mat. Antonia jaillit des profondeurs de la cuisine, ouvre la porte, conduit Guillaume et son parfum, dans le salon. La petite fille voit la porte se refermer, sur le couple de Guillaume et sa mère.

Lucile reste sur son promontoire, cachée derrière la statue de la déesse Athéna au torse de femme nue et aux doigts coupés, posée sur le marbre de l'escalier.
Une heure plus tard, la porte s'ouvre, sur Guillaume. Sa haute silhouette s'encadre dans la lumière. Il se retourne vers sa mère à l'intérieur de la pièce, s'incline, portant la longue main maternelle fuselée et manucurée à ses lèvres, le regard de Kate accroché au sien. Lucile trouve ce moment troublant. Ensuite, Guillaume lève les yeux vers le haut de l'escalier, et découvrant la petite fille qui tente de se dissimuler derrière la statue, lui fait un clin d'œil complice.
Il lui fait signe de descendre, et comme, elle arrive à sa hauteur, toute rouge de timidité, il la soulève dans les airs et lui plante un baiser sonore sur la joue.
Lucile ferme les yeux, et le parfum de Guillaume envahit l'espace. Elle danse dans ses bras, entre ciel et terre, espérant un baiser de l'homme dont elle conserve le parfum longtemps après s'être endormie.
Quand elle rouvre les yeux, il a disparu, et Antonia referme le battant.
Lucile monte dans sa chambre, s'allonge sur son lit d'enfant à barreaux de fer blanc, et serre les cuisses en fermant les yeux.
Elle serre de plus en plus fort, joue avec les gradations jusqu'à ce que la déflagration du plaisir éclate dans son ventre et sa tête.

Alors, elle laisse les images de Guillaume déferler et elle reste pantelante, écoutant parler la maison vide dans le sillage de l'homme qui l'a désertée.

Guillaume parti, son image reste imprimée dans l'esprit de l'enfant, le plaisir avec.

Un après midi, Lucile se glisse dans le salon où sa mère se tient habituellement. Elle s'accroupit derrière l'accoudoir de velours du grand canapé vert, et reste cachée là, assise sur ses talons, l'esprit dans le vague, absente, suspendue au silence.

La porte s'ouvre, elle entend les pas légers de sa mère et sent le parfum poivré de Guillaume.

Elle se pelotonne sous le gros accoudoir, ferme les yeux.

Le canapé vibre sous le poids de sa mère ; puis elle sent Guillaume s'y jeter à son tour. Elle entend les bruits mouillés des baisers, le halètement des bouches qui se cherchent, claquer la jarretière de sa mère.

Un moment de silence, un gémissement étouffé suivi d'un long soupir, un râle étrange, puis plus rien. Lucile crispe ses paupières sur ses yeux et plaque ses poings fermés sur les oreilles : ne rien voir, ne rien entendre, ne rien sentir.

Lucile disparait, transparente aux yeux du monde et aux siens. Les sensations s'amoindrissent. Elle flotte en apesanteur dans un présent qui s'estompe.

Elle part ailleurs, s'efface, s'évanouit presque, gommant toute pensée. Elle annule l'instant, suspend un présent trop lourd de sens, perd la réalité qu'elle refuse absolument.

Lorsqu'elle rouvre les yeux, il n'y a plus personne dans le grand salon. Un drôle d'odeur flotte dans l'air, reste des parfums mélangés de sa mère et Guillaume, un plateau avec deux verres, un fond de whisky et du jus d'orange.
Elle a dû s'endormir.

LUCILE ET KATE

Elle se lève, époussète. Sa jupe jaune. Antonia pénètre dans la pièce, ouvre les fenêtres qui donnent sur le jardin, et, prenant conscience de la présence de Lucile, s'exclame :
—   *ah tu es là, il faut que je passe l'aspirateur, que je fasse la poussière, sois gentille, monte dans ta chambre, laisse-moi travailler.*
Lucile s'attarde :
— *Je peux t'aider à faire la poussière ?* Antonia, lève les yeux au ciel.
— *Non, non, je n'ai pas le temps de jouer, il faut que je travaille allez ouste, file !*
Lucile, émue, ne trouve pas chez Antonia, le soutien espéré. Incapable de chasser le bruit des baisers de sa mère et Guillaume, elle monte en trainant des pieds dans sa chambre, se jette sur son lit et éclate en sanglots. Ce jour-là, après avoir pleuré, elle va chercher une lame de rasoir dans la salle de bain de sa mère et commence à tracer des traits dans la peau tendre de ses poignets.

Le sang qui perle de la blessure la rassure. Il y a une justice dans ce monde, un châtiment pour une petite fille qui sait ce qu'elle ne devrait pas savoir.

Lucile a seize ans. Les années ont passé. L'adolescente androgyne a laissé place à une jeune fille aux yeux noir profond. Elle a conservé cette habitude de se taire en regardant les gens comme si elle découvrait un autre monde. Mais elle est intelligente et brillante au lycée, alors ses lubies passent pour des habitudes d'adolescente. Elle se destine à devenir médecin, comme son père et Guillaume.

Un jour, elle décide d'aller voir Guillaume, à son bureau dans sa clinique pour lui demander d'assister à une opération, afin d'être sûre de son choix professionnel.
Elle a pris rendez-vous après de la secrétaire, sous le nom de Raphael Blacquer.

Dans la salle d'attente à l'odeur âcre de désinfectant et d'éther, elle se mêle aux patients de Guillaume et attend son tour.

La porte s'ouvre, et Guillaume, le nez dans ses papiers, appelle, Raphael Blacquer. Lucile se lève et entre mécaniquement derrière le chirurgien.
La porte se referme.
Elle est au milieu de la pièce, il la précède de quelques pas. Il lève les yeux sur la jeune fille :

— *Lucile c'est toi, mais pourquoi as-tu pris rendez-vous vous un faux nom?*

Lucile sourit, sans répondre tout de suite :

— *Je voulais venir incognito ! Dis donc c'est joli, ici, tu as un divan en plus! Mmm*

La jeune fille dansant sur ses ballerines, et faisant tournoyer sa jupe jaune, s'approche de Guillaume. Envoutée par l'odeur poivrée de son parfum, elle ferme les yeux et se haussant sur la pointe des pieds, offrant à Guillaume une bouche gourmande.
Surpris, il regarde la fille ingénue qui s'ouvre à l'amour. Il hésite. Il aime Kate, depuis longtemps. Ils sont amants depuis la première année de leur rencontre. Il a toujours connu Lucile, qu'il a vu grandir sans trop y prêter attention, petit meuble, transparent, toujours à la même place, indifférent au silence de la petite fille, dans l'ombre d'une mère trop belle. Il reçoit en pleine figure le souffle de sa jeunesse et la fougue de son baiser. Il hésite, ne sait que faire. Machinalement, il la serre dans ses bras. Elle parait si frêle. Elle a la promesse de la beauté de sa mère, estompée par son curieux regard, minéral, trop fixe. Elle met les gens mal à l'aise, et son silence indispose. Lucile a peu d'amis.

LUCILE ET KATE

Guillaume ferme les yeux et se trouve transporté le jour de sa première rencontre avec Kate, dans ce bureau alors qu'il était jeune chirurgien.

Il serre Lucille. Le désir monte fulgurant, lui coupe le souffle.
La jeune fille colle son corps au sien, épouse les moindres tressaillements. Il ressent la chaleur, la tension, il caresse le cou gracile, le décolleté, les jeunes seins.

Sa main descend le long de la ligne médiane, se perd entre les cuisses, glisse sur les jambes.
Il la soulève, la couche sur le canapé relève sa robe et fébrilement, malgré la petite voix qui lui dit que ce n'est pas une bonne chose, qu'il aime Kate, s'introduit d'une seule poussée entre les cuisses humides de la toute jeune fille.

Lucile, la tête renversée en arrière, goûte le plaisir de sentir la jouissance monter avec l'enivrement du parfum musqué.
Guillaume, éperdu de désir pousse d'avantage, au plus profond du corps de la jeune fille.
Il sent une résistance, elle ouvre les yeux, un léger tiraillement, la membrane cède il entre dans la chambre secrète. Elle s'abandonne en une douleur mélangée au plaisir de la poussée de son amant.
Ils retombent sur le sofa, jouissant ensemble.

Ils attendent quelques instants, reprennent leurs esprits. Sans un mot, Lucile ramasse ses chaussures, les lace, tandis que Guillaume suit du doigt la frêle colonne vertébrale. Elle se redresse et lui plaque un baiser sur la bouche.

Puis, saisissant son sac, elle quitte la pièce. Leur étreinte n'a duré que quelques minutes, à peine le temps d'une consultation.

Lucile entame une liaison avec Guillaume.
Elle prend des rendez-vous à son cabinet, de plus en plus rapprochés. Guillaume ne peut plus contrôler l'ardeur amoureuse de la jeune fille.
Guillaume devient la passion de Lucile. Elle pense à lui tout le temps, le voit dans chaque personne qui croise son chemin, trouve que son professeur de français lui ressemble, le retrouve dans les traits d'un présentateur de téléréalité.
Ils ont rendez-vous une fois par semaine, le reste du temps, Guillaume obsède Lucile.
Guillaume ne sait plus quoi faire pour endiguer l'amour fou de Lucile.

Guillaume et Kate se voient régulièrement, dans le petit appartement loué pour la circonstance.
L'humeur égale de Kate, son amour paisible et constant apaise le chirurgien qui fait la sourde oreille à ce qu'il considère encore comme une passade d'étudiante.

La relation avec Lucile devient pesante, pressante, angoissante. Il essaie de l'éviter, d'endiguer l'amour ardent, de la jeune fille. Il décide chaque semaine d'y mettre un terme et chaque semaine, face à la passion de Lucile, il recule.

Il ne peut se résoudre à choisir, flatté au fond d'être l'objet d'un tel amour, et mal à l'aise de ne pouvoir y mettre un terme.

Un jour, Lucile suit sa mère, comme celle-ci se rend à leur nid d'amour. Lucile, reprenant son habitude d'être invisible, se dissimule dans un café. De loin, elle voit sa mère s'engouffrer dans l'immeuble, regarder à gauche et à droite, pour vérifier que personne ne l'a suivie. Kate ne voit pas Lucile. Quelques instants plus tard, Guillaume entre à son tour dans l'immeuble, inconscient de la présence immobile de la jeune fille.

Lucile porte sa tasse à ses lèvres. Elle a maintes fois demandé à Guillaume de mettre un terme à sa relation avec Kate, il diffère toujours.

Lucile ne supporte plus de le partager.

Elle achève sa consommation et quitte le café.

Lorsqu'elle revoit Guillaume, à son cabinet, elle lui demande s'ils ne pourraient pas se retrouver ailleurs.

— *Allez mon chéri, je n'en peux plus de me cacher comme ça et ta secrétaire commence à avoir des soupçons, ce serait bien mieux d'avoir un lieu où se retrouver !*

Guillaume hésite, tergiverse. Lascive, elle insiste :

— *Allez mon amour s'il te plait.*

Elle se fait chatte, persuasive.

Guillaume est déjà là, il l'attend. Il a décidé de lui parler, de mettre un terme à leur relation. Lorsque Lucile entre, il fume nerveusement, et arpente de long en large le salon. Lucile, très calme, attend l'orage.

Ce n'est plus possible, Lucile, je ne peux plus continuer, Madeleine me harcèle, je ne peux plus lui cacher où je disparais trois fois par semaine et ta mère elle aussi a des soupçons, il faut arrêter. Tu es jeune, tu trouveras quelqu'un de ton âge. C'est la dernière fois que nous nous voyons ! Je suis désolé, tu es une jeune fille merveilleuse mais je n'en peux plus.

LUCILE ET KATE

Aux premiers mots, Lucile est hors d'atteinte.

Elle l'écoute sans l'entendre. Elle est ailleurs. L'encre de son regard s'écoule dans le temps suspendu. Elle voit la bouche de son amant articuler des mots dont le sens lui échappe. Ils deviennent les acteurs d'un film muet. Sa main remonte machinalement vers son poignet et commence à gratter délicatement les fines croûtes des blessures parallèles.

Lorsqu'il a fini, elle s'approche de lui, et déboutonne sa chemise.

Il a un mouvement de recul, mais elle insiste :

— *allez, je te promets c'est la dernière fois, ensuite je disparais, je ne t'embêterai plus jamais, juste une fois.*

Elle est si jolie, dans la pénombre, ses longs cheveux dénoués, son côté fleur gracile et fragile, qu'Il cède.

En rentrant à la maison, elle fouille dans le sac de sa mère et lui dérobe son trousseau de clefs, qu'elle fait refaire à la droguerie du quartier. Elle a la clef de leur studio.

Le lendemain, elle s'introduit dans le petit appartement, erre un instant dans les murs, tout emplis de l'odeur de Guillaume.

Elle est dans un état second, presque comateux. Elle ne sait plus si elle est triste, en colère, malade ou jalouse. Tout cela à la fois surement, sauf qu'elle ne ressent rien, absente à elle-même, elle se déplace sans but, invisible, transparente.

Elle s'approche de la carafe d'eau posée sur la table basse avec deux verres, à côté d'une bouteille de whisky. Elle se ravise, va dans la cuisine. Dans le réfrigérateur, il y a une bouteille de jus d'orange. Elle pique à travers le plastique d'emballage, une seringue d'insuline dérobée dans le cabinet paternel, provoquant un coma mortel.

Elle vérifie la bouteille, passe les doigts sur le film plastique attestant de l'étanchéité du jus de fruit.

Sa mère et Guillaume boivent toujours un verre avant de se séparer, du whisky et du jus d'orange.

Elle se retourne, balaie du regard l'appartement, les yeux dans le vague. Elle s'apprête à quitter la pièce, lorsque la poignée pivote, la porte s'ouvre, Kate entre dans le studio, lève la tête et se trouve face à face avec sa fille :

— *Lucile ! Mais qu'est-ce que tu fais là ?* Lucile ne dit rien, incapable de prononcer une parole.

Kate incrédule secoue la tête :

— *Non ce n'est pas possible, tu n'as pas… tu n'es pas…* Lucile ne répond pas.

Kate écarquille les yeux. Elle n'arrive pas à se formuler l'évidence.

— *Tu n'as pas couché avec Guillaume, ce n'est pas possible, ma chérie, ce n'est pas vrai hein ?*

Lucile les yeux dans le vague reste muette.

Alors Kate avance vers sa fille, la saisit par le bras. Elle se met à hurler

— *Tu ne peux pas ce n'est pas possible, tu n'as pas le droit*

Lucile ne répond toujours pas.

Sa mère avance et se place à quelques centimètres de son visage.

Lucile retrouve soudain la parole, les mots sortent haineux :

— *Et toi, tu peux toi, tu peux tout te permettre, parce que tu es belle, tu peux tout, tromper papa, baiser avec Guillaume, tout.*

LUCILE ET KATE

En un sanglot, de rage et de désespoir, elle toise sa mère.

Kate, se dresse contre sa fille, furieuse, le fait pivoter, veut la faire sortir.

Elle la pousse de toutes ses forces :

— *Tu me fais honte, tu n'as pas le droit de te mettre entre lui et moi! Il m'aime ! Et je l'aime !*

— *Ah ouais et papa tu l'aimes aussi ?*

Kate hors d'elle, saisit Lucile, et cherchant à lui faire quitter la pièce, la pousse violemment contre la fenêtre dont le battant est restée ouvert. Sous la poussée, le portant s'ouvre et Lucile bascule dans le vide, sous les yeux horrifiés de sa mère.

LA FABRIQUE DE VERRE

Laura et John partent à Venise passer une semaine.
C'est leur premier voyage ensemble. Ils se sont rencontrés il y a
quelques mois dans le grand magasin où ils viennent récemment
d'être embauchés, l'un et l'autre. Ils sont jeunes, c'est la première
fois, qu'ils tombent amoureux.
Ils s'installent dans le plus grand hôtel de Venise, le Danielli,
avec une vue magnifique sur le Grand canal. C'est un palace, un
hôtel cinq étoiles, avec des dorures, des angelots, et des maîtres
d'hôtel derrière chaque porte. Les immenses salons étendent leurs
kilomètres de velours bordeaux, sans personne pour les égayer.
Pendant le carnaval, cela donne une curieuse ambiance avec la fête
dehors et personne à l'intérieur.

John et Laura sont un peu intimidés, ils n'ont pas l'habitude
de ce genre de décor. John ne comprend pas pourquoi l'hôtel est
désert, il s'attendait à un hall encombré de touristes, un joyeux
brouhaha, une ambiance de vacances. Au lieu de cela, il n'y a
qu'un hôtel vide, de longs de couloirs déserts, une ambiance em-
pesée et solennelle, loin de tout ce qu'il avait imaginé. John a
acheté ce séjour sur internet. Il a voulu faire plaisir à Laura et se
faire plaisir. C'est son premier salaire, une des toutes première
fois qu'il dispose de son argent.
Il veut bien faire, il aimerait que tout soit parfait, que Laura soit
contente et se rappelle leur premier voyage ensemble.
Le soir, ils dînent dans les grands salons de l'hôtel.

Gênés de se retrouver les seuls clients, et un peu par compassion envers le pianiste qui joue pour eux, John, légèrement enivré par le vin commandé, invite Laura à danser. Ils s'élancent entre les tables vides, et tournoient aux sons d'une valse d'un autre temps.
Laura est mal à l'aise, elle a davantage l'habitude de rocks endiablés dans les soirées entre copains que de virevolter aux sons d'un piano désuet, presque désaccordé, dans une immense salle à manger baroque surchargée de dorures, vide de surcroit.

Laura rit des pitreries de John. Il tente de la dérider et faisant un clin d'œil au pianiste, réussit à lui faire jouer quelques mesures de Dire Straits, un de leur morceaux préférés, « brothers in arm » …
Ça suffit à amuser Laura qui demande à John de sortir, se dégourdir les jambes et visiter la ville en fête, au dehors.
C'est la période du Carnaval, les habitants sont dans les rues, déguisés. Certains portent des masques, d'autres ont des costumes couteux et magnifiques. Les soirées privées fleurissent en cette époque, mais John et Laura ne connaissent personne et n'ont pas d'invitation pour entrer dans l'une d'elles.
John, est heureux de sortir avec Laura.

Ce soir, ils se promènent dans les rues animées, et se mêlent aux les habitants en costumes. Ils suivent un groupe de personnes jusqu'aux portes d'une grande demeure un peu excentrée. Le groupe de jeunes gens pénètre dans le palais décoré pour l'occasion.
C'est une de ces soirées privées ou l'on n'entre que sur invitation.
Ils ne possèdent pas de carton, le maitre d'hôtel leur refuse l'entrée.
Ils sourient et rentrent à l'hôtel ivre de vent, mouillés par la pluie.
Ils passent leur première nuit d'amour à Venise.
Au matin, le petit déjeuner avalé, ils sortent et découvrent la ville.

Venise est le décor rêvé pour vivre une histoire d'amour, surtout la période du Carnaval, qui ajoute au décor déjà féérique, une note de baroque et de déréel.

LA FABRIQUE DE VERRE

Venise au mois de février, avec ses écharpes de brume sur les canaux, au petit matin, et l'aquaalta, aux grandes marées.
John a acheté des bottes pour Laura, lui patauge gaiement dans l'eau haute.
Laura rit.
 Ils arpentent les petites ruelles, prennent le vaporetto, visitent la Place st Marc, le Pont des
Soupirs, la Fenice, les palais qui s'effondrent dans l'eau, les musées, le marché du Rialto… Ils flânent, prennent part à la féérie de Venise, décuplée par la magie du Carnaval. En bons touristes, Ils assistent au « *saut de l'ange* », une mariée en robe blanche de dentelles et voiles vaporeux, s'élance du haut de la tour, place San Marco, jusqu'en bas, pour le plus grand plaisir de la foule de badauds.

Le deuxième soir, John a prévu d'assister à une représentation de
La Traviata à la Fenice.

Ils ont acheté leurs billets, depuis longtemps.

Ils ne sont pas mécontents d'échapper au décor un peu trop cérémonieux des salons déserts du Danielli.

Ils doivent changer d'hôtel demain, pour aller dans une pension de
famille moins couteuse, plus banale, et moins intimidante.

Ils espèrent croiser d'autres touristes avec qui échanger quelques
informations pratiques.

A l'entracte du spectacle John, sorti fumer une cigarette, est
abordé par un jeune homme, Marco, qui fume à côté de lui.

Grand, mince, presque maigre, le jeune homme est sobrement vêtu
d'un costume noir, aux revers de soie. Une cravate noire en cuir
complète une tenue discrète et de bon goût.

John échange quelques mots avec lui.

Laura le rejoint. John fait les présentations. Laura est troublée par
la beauté du jeune homme.

Il parle un anglais parfait avec un accent italien qui ajoute à son
charme.

Il se sait beau, affiche la nonchalance tranquille de ceux qui n'ont
jamais eu à se battre pour gagner leur vie.

Marco fume lascivement.

Au bout d'un petit moment, Marco montre à John, une boule
noire, faite en silice, en quartz noir, mat qui brille doucement dans
l'obscurité.

John, est fasciné par la brillance de l'objet et la lumière interne
qui s'en dégage.

Pris d'une impulsion subite, il achète l'objet en verre noir, et l'offre à Laura.

Avant de regagner leurs places, Marco propose de venir les chercher le lendemain pour les emmener à une soirée privée pour laquelle il possède des invitations. Le coût reste onéreux : 400 euros
par personne, mais c'est une occasion à ne pas manquer. Ils
n'auront plus l'opportunité de se retrouver à Venise en amoureux à
la période du carnaval et d'être invités à une soirée privée, apanage
des vénitiens ou des touristes branchés !
A la fin de la représentation, ils regagnent l'hôtel.
C'est leur dernière nuit dans ce palace, demain ils regagneront un
hôtel moins prestigieux, et sans doute moins solennel.

LA FABRIQUE DE VERRE

Le lendemain matin, ils paressent au lit, font l'amour, profitent
de leur chambre King size.
En fin de matinée, ils descendent retrouver Marco, et quittent
l'hôtel cinq étoiles.
Il faut louer des déguisements, pour la soirée costumée. Les jeunes
gens se font une joie d'assister à une de ces soirées très prisées et
très privées du carnaval.
Ils ont beaucoup de chance de se trouver avec Marco pour guide.

Marco les emmène à travers le dédale de petites ruelles, dans une minuscule boutique, où on trouve des costumes d'époque, à un prix raisonnable.

John, qui parle un peu italien, discute avec le jeune homme qui s'improvise guide et se propose de les piloter dans la ville.
Laura choisit une robe très simple blanche avec des rubans bleus et un loup de velours bleu nuit qui met en valeur ses yeux bleus.

John passe, un habit de brigand, une perruque avec un bandeau qui lui masque un œil. Marco possède son propre déguisement dont il leur fera la surprise le soir venu.
Ils arpentent les ruelles de Venise, se promènent bras dessus bras dessous sur les petites places un peu à l'écart de la foule, admirent les fontaines pleines de charme et les musées de la cité des Doges.
Ils rentrent à l'hôtel, et invitent Marco à boire un verre dans leur chambre.
Ils trinquent à eux, à leur bonheur, à l'amour, boivent une coupe, puis deux. Laura et John sont un peu éméchés, mais Il est temps de se rendre à la soirée déguisée.
Ils suivent un groupe de jeunes gens, mais cette fois, ils ont une invitation. Ils entrent dans un palais délabré, un peu à l'écart. Un maître d'hôtel s'avance, demande leurs noms, vérifie les invitations sur une liste.

Marco prononce son nom, le maître d'hôtel fait un signe d'acquiescement.
Les jeunes gens entrent dans une immense demeure, où les couples déambulent dans des pièces drapées de tentures en lin blanc.
Chaque invité porte un loup ou un masque qui le rend méconnaissable.

Des boissons sont à la disposition des convives. Les nombreuses salles de bal sont pleines de monde.

Il fait chaud, Laura et John boivent plusieurs coupes de champagne, éblouis par le décor féérique. Ils sont assez saouls. Marco semble conserver une certaine maitrise de la situation. Au premier étage, se trouvent les chambres, ils ouvrent une porte et se retrouvent parmi d'autres couples à moitié dévêtus. Laura esquisse un geste vite arrêté par la bouche de John qui l'embrasse fiévreusement. Le jeune homme est éméché, il est aussi excité par l'ambiance délétère du palais et de la fête. D'autres couples s'embrassent ou font l'amour.
John caresse les seins de Laura, sous les dentelles et les rubans, il se bat avec la robe et le tissu. Marco, légèrement en retrait, ne perd pas une miette du spectacle, Laura croise le regard de Marco sur elle, soudain dégrisée, elle reprend ses esprits, repousse les avances de John, rajuste son corsage et sort de la chambre ;

John, un peu surpris et déçu, par l'attitude de la jeune femme, lui emboite le pas. Marco, un léger sourire sur les lèvres, les suit.

LA FABRIQUE DE VERRE

La fête bat son plein, les couples déambulent dans le palais, certains sont ivres, les perruques de guingois, les chambres ne désemplissent pas.

Les trois jeunes gens errent dans le palais, ils sont dégrisés, Laura soudain insensible à la magie des lieux, n'y voit qu'un vaste lupanar, un endroit échangiste, de débauche, où, sous couvert de carnaval, on vient baiser et tirer son coup. Elle ne se sent pas à l'aise dans cette ambiance, elle veut rentrer à l'hôtel. John déçu, espérait que sa compagne se laisse tenter par une expérience dans les chambres du palais ; il reste sensible à la magie, au côté baroque et débridé de la fête, après tout, à l'origine, le carnaval est fait pour ça. Ils se retrouvent dans les ruelles de Venise, au petit matin. La ville est noyée de brume ; Les gondoles à l'arrêt sur les canaux se balancent doucement, vides.

Quelques groupes s'attardent dans les rues, criant, s'apostrophant. Des bouteilles à la main, ils finissent les derniers verres, les dernières coupes.

Marco les conduit jusqu'à la porte de l'hôtel puis après un rapide bonsoir, s'évanouit dans la nuit, laissant John et Laura seuls, au pied de l'hôtel.

Il est convenu qu'il vienne les chercher demain pour les conduire à la fabrique de verre. Les deux jeunes gens montent dans leur chambre, John s'approche de Laura, l'embrasse. La jeune femme résiste un peu, elle n'a pas aimé la soirée de Carnaval, et son coté lubrique. Elle fait un peu la tête à John.

Le jeune homme se fait plus insistant. Il aurait aimé, faire l'amour avec Laura dans le grand palais aux murs blancs.

Au contraire, il s'est senti excité par l'ambiance coquine de la soirée; Le coté échangiste ne le gêne pas. Il est prêt à partager Laura avec d'autres. La soirée l'a excité, peut être que la présence insistante de Marco ne l'a pas laissé indifférent. L'idée de faire l'amour à trois ne lui aurait pas déplu.

Laura résiste encore, puis elle se laisse peu à peu séduire par les baisers et les caresses du jeune homme. Loin des fatras du Carnaval, Laura se sent rassurée, dans la petite chambre aux murs jaunes. Elle cède. Ils font l'amour, et retrouvent le plaisir d'être ensemble. Au petit matin, ils sont réconciliés, et prennent leur petit déjeuner dans la salle à manger. Il y a quelques touristes, des couples avec des enfants. Laura se sent mieux, ils échangent des informations sur les endroits à visiter, les musées, les petits marchés, les places hors des sentiers battus.

Laura reprend confiance, elle sourit, elle oublie l'aventure de la soirée du Carnaval.

Ils remontent se préparer dans leur chambre, Marco doit venir les chercher vers 11h, les emmener visiter un Venise caché et ensuite les conduire, en fin de journée à la fabrique de verre. Marco est ponctuel. Il les attend devant la porte de l'hôtel.

Il les emmène visiter les endroits les plus touristiques de Venise, le pont des soupirs, le marché du Rialto. Il raconte une histoire sur chacun d'entre eux.

C'est un guide charmant, qui connait mille anecdotes sur Venise et ses habitants. Il raconte que sur le Rialto :

— *Mon grand-père m'a conté qu'un jour, alors que les alliés bombardaient non loin de Venise, il a voulu traverser le pont en vélo, accompagné d'un son ami et de son fils. Une rafale de mitraillette a* fauché le vélo de son copain et a décapité son fils qui a fait quelques mètres sur son vélo, sans tête, avant de s'effondrer !

Laura fronce le nez, vaguement dégoûtée par le détail trop macabre à son gout, mais devant l'air malicieux de Marco, elle se demande si elle ne s'est pas fait piégée.
John sourit.

LA FABRIQUE DE VERRE

John et Laura ne voient pas la journée passer, en sa compagnie. Vers 17 h, Ils s'embarquent pour l'Ile des souffleurs de verre, Murano.
L'eau est sombre au débarcadère, le soir tombe et Venise en hiver prend des allures de fantôme avec des chapelets de brume accrochés aux eaux noires des canaux. John et Laura se laissent bercer par la traversée, qui dure une heure.
Marco devise, plaisante gaiement avec John, s'amuse avec lui. Les deux jeunes gens développent au cours de la traversée, une complicité dont la jeune femme se sent un peu exclue. Au bout d'une heure, ils accostent à Murano. John et Laura, main dans la main, suivent Marco sur l'ile. Laura, un instant blessée par l'attitude de John, reprend confiance.

Ils empruntent un petit chemin, un peu à l'écart, Laura enlace John, l'embrasse tendrement. John lui rend son baiser. Comme pour le bal, Marco assiste à la scène, ne quitte pas les jeunes gens du regard, partage leur baiser.

Ils arrivent jusqu'à une fabrique de verre. Ils entrent, se tenant par la main.

C'est une grotte sombre, éclairée par la seule lumière du feu, devant lequel se tient un jeune garçon, bossu et difforme, qui alimente la gueule ouverte du four en enfournant des pelletées de sable, et en actionnant l'immense soufflet qui se trouve à côté de lui.

Le rougeoiement du feu lui donne des airs de Méphisto.

Marco présente John et Laura, à Damiano. Son frère, serre distraitement la main des jeunes gens sans se détourner de son travail. John, un peu gêné par l'attitude froide et distante de Damiano, regarde au-delà du halo de lumière. Dans la grotte. Il semble y avoir des objets de verre, entassés çà et là, qui le regardent de leurs yeux morts compatissants.

Laura est mal à l'aise. Elle presse la main de John pour qu'ils reprennent le chemin du retour.

Au bout d'un moment, Marco leur fait signe de sortir. Ils reprennent le bateau.

Pendant la traversée du retour, les deux jeunes garçons échangent des blagues, parlent d'eux, se provoquent, se rapprochent.

De retour à l'hôtel, John est troublé, mais bizarrement, il se sent rempli d'une énergie nouvelle. Il lui pousse des ailes. Enivré, il propose à Marco de les rejoindre dans leur chambre pour prendre un verre.

Marco accepte. Laura se sent gênée par la présence de Marco, mais John est de plus en plus langoureux.

Elle hésite, résiste, elle est gênée par la présence de Marco. Ils boivent plusieurs verres, John est saoul, il a envie d'une partie à trois.

Laura refuse encore, mais les caresses de John, auquel s'ajoute l'attrait magnétique de Marco et l'alcool ont finalement peu à peu raison de sa réticence.

 Elle cède à contrecœur, elle veut faire plaisir à John, mais elle se sent coupable de ce genre de relation. Ils font l'amour à trois, Marco se révèle un bon amant tant pour Laura que pour John. Laura est un peu honteuse, gênée. En même temps, la situation lui échappe, John surtout.

Au petit matin, ils partagent le petit déjeuner.

Ils vivent ainsi plusieurs jours. L'influence de Marco sur John s'accroit de jour en jour. Laura se sent de plus en plus exclue de la relation qui lie les jeunes gens. Marco dresse peu peu un mur entre John et Laura.

Marco empêche Laura de vivre son amour avec John. Elle ne retrouve plus le jeune fiancé avec qui elle est parti passer huit jours à Venise.

LA FABRIQUE DE VERRE

John est obnubilé par Marco, qui semble très à l'aise dans cette
situation malsaine.
John ne voit aucun problème dans la présence du jeune italien,
dans leur séjour à Venise. Marco les emmène dans toute la ville,
leur fait visiter. John trouve que cela donne du piment à la relation
avec Laura.

Marco les emmène voir le palais des Doges, manger un chocolat
chaud Place St marc, visiter le musée des Arts décoratifs dans un
petit palais à l'écart des grands circuits touristiques, écouter un
opéra improvisé dans un palais décrépi tombant en ruines, dans la
lagune.
Ils se promènent sur le grand canal, vont prendre un bain de soleil
sur la plage du Lido en face de Venise, admirent Venise illuminée
par le soleil couchant, dissertent sur le vieux film
« *La Mort à Venise* », de Venise depuis le Lido, tandis la peste sévit
et décime la cité de Doges.
Marco est un hôte très instruit, qui connait bien sa ville et fait
partager l'enthousiasme d'y vivre.
John et Laura se disputent à ce sujet, la jeune femme aimerait que
Marco disparaisse de leur vie.
Marco attise la jalousie de Laura.

Au bout de plusieurs jours, la tension est à son comble entre
Laura et John.
John en a assez. Il décide de la quitter et de partir avec Marco.

Laura, restée seule à l'hôtel, se sent mieux. Elle pense la relation avec John terminée. Marco a agi comme un révélateur ; c'est sans doute mieux comme ça. Elle est un peu triste malgré tout. En fin de journée, John revient chercher ses affaires. Il dit que Marco leur propose de retourner à la fabrique de verre, John a réfléchi :

— *Je t'aime Laura, je veux que nous recommencions, essayons, s'il te plait, je te promets de faire des efforts.* Il aime Laura, et veut tenter de reconstruire la relation.

Laura refuse :

— *C'est inutile, tout est fini, c'est mieux comme ça, laisse-moi va le retrouver ton bel italien !*

A ce moment, Marco entre dans la chambre. Il s'excuse, disant qu'il se sent coupable de ce qui leur est arrivé. Il demande à Laura de ne pas prendre de décision hâtive, avant cette visite :

— *Je suis désolé, je ne voulais pas vous faire du mal, je me rends compte que j'ai mal agi, venez une dernière fois voir la fabrique de mon frère, j'aimerais vous offrir quelque chose pour me faire pardonner.*

Il est convainquant et si beau, Laura, une nouvelle fois, cède.

La traversée est un peu triste. Laura éprouve une certaine nostalgie. John lui prend la main et la regarde avec tant d'amour dans les yeux.

Laura est troublée, elle hésite, peut-être s'est-elle décidée trop vite, peut être devrait-elle donner une deuxième chance à John. Marco n'est rien, juste une aventure comme ça.

Un épiphénomène, auquel il ne faut pas prêter une attention trop grande.

Lorsqu'ils débarquent sur l'île de San Giorgio, Laura est prête à céder. Elle donne la main à John qui, ravi, l'embrasse. Marco, les suit, quelques pas en arrière.

Ils traversent l'ile, prenant le même petit chemin que la dernière fois.Ils retrouvent le sentier qui serpente entre les maisons, suit les petits magasins de vente des objets fabriqués dans l'île, c'est une ballade en dehors du temps, ils se trouvent dans une atmosphère atemporelle ; quelques belles roses trémières fleuries, au mois de février, note distraitement Laura.

Laura sent que l'île a une influence étrange sur elle, annulant toute volonté. La lascivité de la lagune agit sur elle, en anesthésique puissant.

Ils arrivent en vue de la fabrique de verre. Marco les précède.

LA FABRIQUE DE VERRE

Damiano, cette fois, vient à leur rencontre. Il sourit, serrant la main de Laura, la regarde amoureusement.

Il actionne le soufflet, les flammes augmentent de puissance, Laura, gênée par la chaleur, recule, John, au contraire, fasciné par les flammes se penche légèrement, les animaux de verres comme doués de vie, leur jettent des regards inquiets et haineux. Marco se rapproche de John, poussant doucement Laura vers la gueule béante du four. Terrorisée, la jeune femme comprend soudain leurs intentions.

John, regarde Marco, avec un regard halluciné, fasciné par le jeune homme, qui, lui, se contente de sourire, du même sourire énigmatique que pendant la soirée de Carnaval. Laura ne peut résister à la poussée conjuguée des deux jeunes hommes. Elle se rapproche du four, sent la force des flammes, la chaleur du feu, les flammes de l'enfer. Damiano est à côté d'elle, elle pense qu'il va l'aider, mais, avec un éclat de rire dément, Damiano, unit ses efforts à ceux de John et Marco, et tous les trois ils jettent Laura dans les flammes, qui se referment avec un grand rire sur le corps de la jeune femme.

Damiano actionne le soufflet qui donne sa pleine puissance.

Une fois les flammes retombées, Damiano, sort du foyer une boule noire, en tout point pareille à celle vendue par Marco à John.

Toujours souriant, Damiano, se dirige vers son établi et enserre la boule noire dans une gangue d'or. Il suspend le bijou au cou de John qui offre sa nuque soumise au gnome difforme.

John, toujours dans un état second, se rapproche de Marco.

Damiano retourne à sa forge, les animaux ont retrouvé leur immobilité. Damiano sort sa première création de la journée : une petite figurine, en forme de jeune femme, en verre blanc, qui va rejoindre les autres objets de sa collection.

La petite poupée de verre blanc s'ajoute à sa galerie de miniatures.

Au petit matin, à Venise, loin de l'île des souffleurs de verre, John, se réveille, aux côtés de Marco dans la chambre de l'hôtel, la boule noire brille en médaillon, suspendue à son cou par une chaine d'or. Il sourit et, enlaçant amoureusement Marco, commande un petit déjeuner pour deux.

LE JARDIN ROUGE

Le village est nappé de brume. Noyées dans le brouillard, les gouttes de pluie dégringolent des arbres et tombent, fantomatiques, sur le sol.

Comme chaque année, au solstice d'hiver, Dame Marguerite descend le sentier de la montagne. Elle porte une grande houppelande brune, qui traine jusqu'à terre. Les tatouages bleu nuit dessinés sur son visage, en cercles concentriques, la marquent comme l'entaille d'un arbre. Ses yeux bleus noirs, scrutent toute personne qui lui adresse la parole, pour dévorer ses pensées et lui arracher l'âme.

Dame Marguerite est la sorcière du village. Elle vit, retirée dans une cabane où elle élève des tulipes noires. Le rouge foncé des fleurs imprègne ses mains, qui prennent une teinte rouge sang.

La cabane où vit Dame Marguerite se situe en bordure d'une immense forêt. Les grands arbres agitent leurs branches, brassées par le vent du Nord. La forêt est hantée. Les arbres sont traversés par les innombrables pensées des hommes et des femmes qui vivent en bordure. Les pensées portées par les airs, brassent les sommets des arbres, surfant sur les vents contraires, rendant fou quiconque ose s'aventurer dans la forêt maudite. Les sortilèges habitent les arbres, que l'on entend hurler de douleur les jours de vent. Les arbres tordent leurs branches qui se balancent, pour se débarrasser des mauvais rêves. Les hommes n'entrent jamais, seuls, dans la forêt hantée, faisant un détour de plusieurs kilomètres pour parvenir au bourg voisin.

Quand on souffre trop et que l'on veut confesser ses péchés, ses mauvais rêves ou ses soucis, moyennant une obole, on demande à Dame Marguerite le passage. Sous réserve de son accord, on entre dans la forêt hantée. On confie ses mauvaises pensées à un arbre. On colle sa bouche sur le tronc, on raconte son histoire, en murmurant, juste pour lui.

L'arbre prend les problèmes du requérant et rejette les mauvaises pensées dans le vent du Nord. L'homme ou la femme repart, l'esprit lavé, le cœur plus léger.

On dit aussi, que chaque arbre abrite l'âme d'un enfant. Chaque enfant disparu, qui revient pour hanter le village et reprocher à ses habitants de perdre sans rien faire, un par un, comme des gouttes de pluie, ses enfants. Dame Marguerite jugule les esprits vengeurs des enfants et les garde confinés dans l'arbre qui les héberge, évitant ainsi aux hommes et femmes du village, la vengeance des enfants damnés.
Au solstice d'hiver, Dame Marguerite fait entendre son pas trainant dans les rues du village.

Elle frappe de son bâton noueux chaque porte, et demande son du : un enfant. Un enfant par an, destiné à l'entretien du jardin de la reine.

Dame Marguerite est la jardinière de la reine. Elle veille à l'entretien du jardin rouge, dans lequel les enfants travaillent et disparaissent chaque année.

Cette année-là, au petit matin, Dame Marguerite arrive aux dernières maisons du village. Deux maisons identiques, un peu à l'écart des autres. Au coup de bâton, deux enfants sortent, ensemble et se présentent à elle. Elle hausse le sourcil, et s'apprête à renvoyer l'un d'eux, mais Louison et Pauline, se prennent par la main et, silencieusement, affrontent le courroux de la vieille femme.

Louison et Pauline s'aiment. Ils ont décidé de se sacrifier pour braver le maléfice et ensemble, tenter d'y mettre un terme. Ils veulent ramener les enfants enlevés à leurs parents et faire cesser le sortilège. Face à Dame Marguerite, ils se tiennent la main, se taisent et la défient.

LE JARDIN ROUGE

Deux enfants contre la sorcière pour braver la reine et ses maléfices. La vieille femme hausse les épaules et de guerre lasse emmène les deux enfants dans les jardins royaux. Après tout personne n'a jamais dit qu'il était interdit d'aller à deux, dans le jardin de la reine.

Dame Marguerite emmène Pauline et Louison. Ils traversent les dernières maisons du village endormi, et s'engagent, par des chemins escarpés dans les entrailles de la terre. Il faut traverser la forêt hantée pour ensuite, descendre à travers la montagne, sur un chemin qui s'enfonce sous la roche, et parvenir au jardin de la reine.

La traversée de la forêt est pénible aux enfants.

Les pensées des hommes déversées dans la forêt hurlante, volent dans le vent et assaillent les oreilles des petits. Les plaintes et les gémissements des arbres qui souffrent à la place des hommes sont presque insupportables.

Louison et Pauline, se tiennent la main. Ils jurent de revenir soulager les arbres. Louison surtout, est sensible à la souffrance des grands chênes.

Comme si elle lisait dans leurs pensées, dame Marguerite secoue la tête, et dit :

— *Tu ne peux pas guérir les arbres. Ils prennent les souffrances des hommes et le jardin rouge nourrit les malheurs des hommes. D'un côté le bien, de l'autre le mal, ainsi va la vie. Et l'équilibre. Le bien et le mal, le plaisir et la souffrance.*

Sur ces paroles énigmatiques, ils parviennent en vue du jardin rouge.

Louison et Pauline, arrivent dans un jardin où les enfants emmenés par la sorcière les années précédentes, travaillent quotidiennement.
Le jardin n'est pas très grand. Il y règne un silence quasi religieux. Un enfant, penché vers la terre, travaille à cultiver une fleur, tous les vingt mètres.
Chaque enfant doit s'occuper de deux ou trois fleurs seulement. Les fleurs du jardin de la reine sont tous rouges, d'un rouge différent selon la fleur. Carmin, vermillon, bordeaux, sanguin, pourpre, chaque fleur explose en une teinte particulière de rouge, qui chatoie au soleil couchant nimbant de rouge les peaux anémiées des enfants, leur conférant une teinte cuivrée qui trompe sur leur véritable mauvaise mine. Les enfants font un travail pénible et nombre d'entre eux y laissent leur vie. Les fleurs sont magnifiques, élevées pour le seul plaisir de la reine, et le malheur de ceux qui triment là.

Dame Marguerite, indique du doigt, une place dans les allées de fleurs, à Louison et Pauline. Ils doivent sarcler, biner, enlever chaque mauvaise herbe, arroser, porter de la terre, protéger les fleurs dont ils ont la charge pour en faire les plus belles fleurs du jardin.
Dans le jardin, il est interdit de parler avec les autres, chaque enfant doit exclusivement s'occuper des fleurs, sans jamais établir de relation avec les autres enfants. Chacun est seul dans le jardin de la reine.
Louison et Pauline, sont laissées ensemble.
Le soir, ils dorment dans des petits lits, dans la même maison que tous les autres jardiniers.

Les enfants sont répartis par groupe de dix, dans des chalets, mitoyens.

LE JARDIN ROUGE

Dame Marguerite s'occupe du coucher des enfants. Le soir, elle passe dans chaque baraquement et de son pas trainant vérifie qu'aucun enfant ne manque à l'appel. Elle reste près d'eux jusqu'à ce qu'ils s'endorment.

Au matin, elle est là.

Elle est la jardinière de la reine, pour les enfants et les fleurs.

Louison et Pauline, ne tardent pas à se rendre compte que le parfum des fleurs est si entêtant, qu'il empoisonne ceux qui les soignent. La malédiction rouge frappe ceux qui travaillent dans les jardins royaux. Le parfum des fleurs envahit les poumons des enfants jardiniers. Les fleurs émettent des vapeurs toxiques, qui colonisent les poumons des travailleurs du jardin. Frappés d'anémie, ils perdent leur sang qui colore de rouge les fleurs. Le sang des enfants donne aux fleurs leur teinte rouge. Les enfants meurent, empoisonnés par le parfum nocif des fleurs.

Pauline dépérit. Elle s'adapte mal à la vie rude du jardin et les vapeurs empoisonnées affaiblissent son organisme.

Louison, résiste mieux. Il prend plaisir, malgré les conditions de vie difficiles, à prendre soin des fleurs.

Dame Marguerite remarque l'attention que le jeune garçon apporte aux roses et aux tulipes. Elle est sensible aux dons de jardinier de l'enfant, qui développe une grande dextérité dans son travail.

Louison est douée, c'est un jardinier dans l'âme. Ses mains parlent aux corolles qui s'adoucissent et chantent pour lui, quand il s'occupe d'elles, à l'opposé des arbres de la forêt hantée, les fleurs du jardin rouge murmurent des mots d'amour au petit jardinier. Les fleurs transforment les pensées données par les hommes aux arbres en parfum toxique. Le vent apporte aux fleurs les mauvais rêves des arbres, et les fleurs les transforment en vapeurs toxiques, empoisonnant les poumons des petits jardiniers.

Les fleurs du jardin rouge, parvenues à maturité, doivent être coupées, sinon, elles procurent à celui qui n'y prête pas attention, une narcose; L'imprudent saisi par le parfum floral, s'endort et meurt étouffé par la senteur trop concentrée qui se déverse dans ses poumons.

Louison se rend compte que la vieille femme le regarde et s'apaise lorsqu'elle s'adresse à lui. Il se découvre doué pour s'occuper des fleurs, Dame Marguerite, jardinière de renom elle-même, l'a remarqué. Un jour, il profite d'être seul avec elle pour lui demander

— *Mais comment fait la reine pour survivre dans ce parfum si entêtant?*

Dame Marguerite hésite, elle regarde l'enfant qui a osé l'interroger:

— *La reine possède un flacon d'un élixir puissant qui la protège des vapeurs toxiques des fleurs. Une goutte sur la peau suffit à l'immuniser.*

Louison ne dit rien. Il réfléchit.

Seule Dame Marguerite peut réaliser un contrepoison, capable de protéger la reine du poison des fleurs.

Un jour suivant, comme ils sont seuls dans le cabanon où ils bouturent les fleurs, Louison demande à nouveau :

— *D'où vient ce jardin, comment a-t-il pu être aussi beau, qui
l'a créé?*

Dame Marguerite ne résiste pas au plaisir de raconter l'histoire du
jardin.

LE JARDIN ROUGE

— *C'est moi qui ai créé ce jardin. Un jour, il y a longtemps, j'ai
découvert, dans la forêt magique, une fleur au parfum si merveilleux
qu'elle embaumait tout le coin de forêt où elle se trouvait. Cette fleur
était d'un rouge éclatant. J'ai pris la fleur, je l'ai élevée en pot, puis j'ai
commencé à la bouturer. La reine qui passait par là a voulu posséder
cette fleur magnifique et elle m'a demandé de créer un jardin de ces
fleurs-là. Il fallait des jardiniers pour veiller sur ces fleurs fragiles et les
entretenir. La reine a donc décidé de prendre chaque année un enfant
du village pour soigner les fleurs. Mais le parfum des fleurs tue les enfants. Moi, je ne ressens pas les effets du poison peut-être parce que j'ai
travaillé les plantes toute ma vie et que j'ai développé une immunité
contre leur poison. La reine a besoin de l'élixir pour se protéger des
vapeurs toxiques des fleurs. L'élixir est très difficile à obtenir, je ne
peux en fabriquer que pour la reine, les enfants paient de leur vie le
plaisir de la reine.*

Louison ne dit rien. Il aide du mieux qu'il peut la vieille femme.
Le soir venu, il se glisse contre Pauline, qui devient de plus en plus
pâle. Pauline, elle aussi, aime s'occuper des fleurs rouges, mais elle
résiste mal aux vapeurs toxiques. Ses poumons la font souffrir, elle
respire difficilement. Louison la serre contre lui la nuit, et sent ses

cotes saillir à travers le tissu de sa chemise. Il est triste de l'état dans lequel se trouve Pauline, et pour la première fois, se met à douter du bienfondé de leur entreprise.

Chaque année, un enfant est choisi pour apporter à la reine, un bouquet des plus belles fleurs du jardin.

Cette année, Dame Marguerite désigne Louison. La reine, charmée par la beauté du garçon, décide de le garder près d'elle et le protéger des vapeurs toxiques.

Auprès de la reine, Louison envouté, oublie peu à peu Pauline.

Pendant ce temps, Pauline perd des forces, affaiblie par le parfum des fleurs, le travail à fournir, et l'absence de Louison.

Pauline a espéré que son ami lui donnerait des nouvelles, qu'il réussirait à lui envoyer un signe, mais rien, le silence et l'oubli s'installent.

Pauline ne peut se résoudre à perdre tout à fait Louison.

Un matin, alors que la petite fille enlève les mauvaises herbes autour d'une rose d'un rouge sombre, elle trouve, cachée derrière les pétales de la fleur, une petite chenille rouge et noire, qu'elle s'empresse de conserver, pour la protéger d'une mort certaine. La reine a interdit à tout animal d'entrer dans le jardin rouge.

Peu à peu, entre la petite fille et la chenille se développe une amitié. Pauline cache la petite chenille dans sa manche, et la dérobe aux regards intrusifs de ses collègues et de Dame Marguerite. Pauline, grâce à la présence cachée de la petite chenille, reprend goût à la vie. Elle va au jardin, et se prend d'amour pour ces fleurs étranges, qu'il faut soigner comme des princesses. La petite fille ne vit que pour les fleurs, les fleurs et sa chenille, Pauline se ferme à tout autre chose, et se consacre exclusivement au jardin rouge.

La reine, avertie du zèle de la petite fille demande à la rencontrer.

Pauline se présente à la reine avec dans les bras, un gros bouquet de fleurs de tous les tons de rouge existants dans le jardin, la petite chenille cachée dans sa manche. Le bouquet est une pure merveille, même Dame Marguerite n'aurait pu faire mieux.

LE JARDIN ROUGE

Louison se tient assis sur un fauteuil, en retrait, à côté de la reine. Envouté, il regarde distraitement Pauline sans lui prêter attention.

Pauline sent les larmes lui monter aux yeux. Soudain, elle éprouve dans sa manche un picotement. La petite chenille sort, et se métamorphose en un grand papillon rouge et noir, qui déploie ses ailes et se dégageant de sa cachette, s'envole et pique la reine aux yeux. La reine est aveuglée, elle perd du sang. Profitant de la situation, Pauline bondit et arrache la fiole d'élixir du cou de la reine. Celle-ci, privée de son talisman, frappée par les vapeurs concentrées des fleurs du bouquet, s'effondre sur le sol.

Louison, dégagé de l'envoutement qui le tenait prisonnier, s'effondre à son tour.

Pauline désespéré, assiste impuissante à la mort de son ami.

Dame Marguerite, arrive avec sa brouette. Devant Pauline éplorée, elle charge le corps de Louison dedans, et prend la tête du cortège en direction de la forêt hantée.

Les enfants sont libérés de la malédiction rouge. Ils peuvent rentrer au village.

Pauline suit Dame Marguerite, et le corps de Louison. Ils arrivent devant la forêt hantée.

Dame Marguerite, pousse la brouette avec le corps sans vie de Louison, jusqu'à un orme. Au pied de l'arbre, elle s'arrête et tend à Pauline, une grande pelle.

Pauline doit creuser, enterrer Louison pour que l'enfant devienne l'esprit de l'orme au pied duquel il est enterré.

Avant d'accomplir le rituel, Dame Marguerite fait venir le plus âgé des enfants et lui dit de poursuivre le chemin, sans se préoccuper d'elle:

— *Si vous continuez tout droit, vous arriverez au village. Vos parents vous attendent. Partez, je vais rester un moment en arrière, pour reprendre des forces, je vous rejoindrai bientôt.*

Le petit garçon a peur, il sent qu'elle va les abandonner, et refuse de continuer sans elle :

— *On ne peut pas faire le chemin sans toi, on a peur tout seul, toi tu sais nous amener tu connais le chemin. J'ai peur des arbres qui pleurent !*

Mais elle insiste :

— *Non, je suis fatiguée, mais ça va aller, ne vous retardez pas, partez devant, je vous rejoins très vite. Ecoute les arbres se taisent, ils vous accordent le passage*

Effectivement, les grands arbres ont cessé un instant leurs gémissements. Ils laissent passer les enfants. Les arbres se taisent parce qu'ils savent que dame Marguerite ne passera pas.

Les enfants hésitent mais devant son insistance, ils se remettent en marche et traversent sans encombre la forêt enchantée.

Dame Marguerite les voit disparaitre derrière un coude du sentier.

Pauline et Dame Marguerite se mettent à creuser pour enterrer le corps de Louison. Faisant cela, Pauline est saisie d'une étrange mélancolie.

Elle se met à penser aux fleurs, aux soins qu'elle leur prodiguait, à leur parfum, dans son souvenir, à nul autre pareil.

Elle ralentit la cadence, la pelle lui parait lourde, elle se sent fatiguée. Elle sent ses forces décliner au fur et à mesure qu'elle pense au jardin. Dame Marguerite ne prononce pas un mot. Elle porte le corps du garçon en terre, au fond du trou qu'elles ont creusé.

LE JARDIN ROUGE

Pauline ne peut faire un seul geste. Immobile, au bord de la tombe, elle regarde le corps de son amour, gisant au pied de l'arbre. Elle sent les racines qui poussent dans ses pieds engourdis, ses bras deviennent des lianes bruissâtes de feuilles. Elle ne peut pas bouger.
Pour se dégager de l'étrange envoûtement, elle s'approche de l'arbre, enserre le tronc dur et rugueux, collant sa bouche dessus, elle l'embrasse longuement. Ce faisant, elle se râpe contre une écharde et se coupe légèrement le poignet. Trois gouttes de sang tombent au pied de l'arbre. De ces trois gouttes surgit une immense liane rouge qui enserre le tronc de l'orme au pied duquel elle a poussé. Pauline regarde la liane et le grand Orme. Elle sourit tristement, se détourne et se dégage du sortilège. Puis elle se penche vers dame Marguerite, et murmure, la voix enrouée et rauque des pensées de l'arbre :
— *Allons, les fleurs attendent.*
Dame Marguerite prononce des incantations et une mélopée, qui s'envolent dans le vent. Elle fait son travail et veille les morts. Elle psalmodie longtemps, si longtemps, que Pauline perd la notion du temps. La veillée dure toute la nuit.

Au matin, Dame Marguerite arrose le corps de Louison recouvert de terre, devenu l'orme tutélaire. L'immense liane rouge, poussée tout à côté de l'orme, et entrelace ses feuilles avec les branches du grand arbre.

L'Orme et la liane, unis pour l'éternité, pousseront dans le vent des gémissements en entendant les malheurs que les hommes du village voisin viendront leur confier.

Pauline reste seule. Elle entend, les arbres gémir, pleurer, les branches des grands saules s'agitent, trainent à terre, s'entrechoquent.

Elle ferme un instant les yeux. Lorsqu'elle les ouvre à nouveau, elle voit les arbres qui font une barrière infranchissable derrière elle, obstruant le sentier par lequel les enfants ont disparu.

Devant elle, ils tracent une large avenue vers le jardin rouge dont les vapeurs carmin se distinguent à l'horizon.

Pauline sent ses forces revenir. Elle se lève, et se met en marche vers le jardin rouge. Au bout de quelques minutes, elle sent que toute la forêt accompagne son choix. Les arbres descendent jusqu'à terre, les branches s'agitent doucement, les arbres murmurent et soufflent légèrement.

La forêt entière la soutient dans sa marche vers le jardin rouge.

Au terme de quelques heures, elle arrive aux portes du jardin.

Les fleurs sont seules, elles gisent, les corolles étalées par terre, piétinées par le départ précipité des enfants.

Alors, elle prend un outil et se met à replanter chaque fleur déterrée.

A la fin du jour, une rangée entière de fleurs rouge est replantée.

— *Il va falloir aller chercher des ouvriers, Dame Marguerite !*
Demain, au jour levant, je veux un enfant pour m'aider à l'entretien
du jardin, un enfant par an, un enfant à chaque solstice d'été…
Dame Marguerite s'incline et reprend de son pas trainant, le chemin du village. Sur la route, elle dépose au pied de l'orme et de la
liane rouge, un bouquet de fleurs. La liane refleurit chaque année,
à la même époque, la nuit du solstice de Printemps. Au sortir de
l'hiver, la fleur pleure des larmes de sang, trois larmes au pied de
l'orme qui font fleurir le grand arbre. L'arbre qui absorbe les malheurs d'hommes…et la fleur qui les transforme en parfum rouge.
Pendant ce temps, dans l'atelier de Dame Marguerite, derrière la
corolle d'une rose pourpre, une petite chenille se réveille et se cache
dans la fleur qui l'héberge.

LE MAITRE DES TATOUAGES

LE MAITRE DES TATOUAGES

Tristan, a 18 ans, des idées plein la tête et l'âme en bandoulière. Il veut se faire tatouer une plante sur le biceps, l'épaule, le cou.

Seul, dans la vie, le jeune homme est à l'âge où tout est possible et où tout bascule.

Un jour de vague à l'âme, il se rend dans une petite boutique de tatouages, au fond d'une ruelle.

Le tatoueur, un véritable artiste, a une réputation sulfureuse, ce qui n'est pas pour déplaire à Tristan. Certaines personnes tatouées par lui, sont mortes dans d'étranges conditions, bien que rien n'ait jamais été prouvé, et aucune plainte portée à son encontre. Il est l'un des plus grands tatoueurs de la ville, une célébrité dans l'univers du tatouage, un dieu vivant pour ces néophytes en quête de sensations fortes, et de rebellions faciles que sont, parfois, les jeunes gens désireux de se faire tatouer.

Il est *le Maître des tatouages*.

Tristan entre dans une boutique sombre, laissée à l'abandon. Les vitres sont opaques, sales, poussiéreuses, il n'y a personne, apparemment, sauf un chat énorme au pelage roux, qui dort sur un guéridon. Il fait partie des meubles, et darde sur Tristan un regard désabusé, dénué de curiosité, vaguement las, reléguant le jeune homme au rang de proie inintéressante. Un bâillement montre une rangée de dents effilées et pointues. Tristan ne tente pas un mouvement pour le caresser, l'animal ne ferait qu'une bouchée de lui.

Au bout de quelques minutes, du fond de la boutique, un carillon d'un autre âge se fait entendre. Un homme entre, par une porte de séparation d'avec l'atelier.

Immense, il est habillé avec raffinement d'un élégant costume gris anthracite, un tablier blanc, et des gants aux deux mains, complètent l'ensemble. Par l'ouverture de la porte, Tristan aperçoit un fauteuil d'où s'échappe le crissement d'une aiguille. Quelqu'un est assis, de dos, une gaze blanche recouvre un tatouage neuf, sur l'épaule.

1

LA LARME BLEUE

La porte se ferme. Le maître se penche vers lui et d'un geste, l'invite à s'asseoir face à lui. Une larme bleue nuit, scintille sur sa joue droite. Tristan reconnait la marque du Maître, la fameuse larme, qui signe chacun de ses tatouages.
Au bout d'un long silence, l'homme demande, d'une voix profonde et affable :
— *que puis-je faire pour toi, mon garçon ?*
Tristan est surpris par le ton et l'attitude plutôt bienveillante de l'homme. Il s'attendait à se faire rabrouer.
Il balbutie :
— *heu… je suis…je suis venu pour un tatouage… mais… j'aimerais aussi apprendre, à…. devenir… tatoueur…*
L'homme toise le jeune garçon. Il ne dit rien. La larme bleue brille. Elle semble rouler sur sa joue, lui conférant un air de Pierrot triste et désabusé. Elle s'anime, douée de vie sous une certaine lumière, selon les mouvements de l'homme, comme un diamant noir.

Tristan le sent attentif, à l'écoute. Encouragé, par le silence de son interlocuteur, il poursuit;

— *Heu, oui… en fait, je suis aussi en fac de Biologie pour. Apprendre la botanique, les plantes ; leur parfum, leur vie, leurs propriétés. J'étais plutôt… bon en terminale en S.V.T., et j'ai pensé…*
L'homme a haussé les sourcils.

Il interrompt le jeune homme d'un geste de la main.

— *Ah ?tu t'intéresses aux plantes?*

— *Euh… oui… un peu.*

Et, dans la vie, tu as des parents, une fiancée, jeune homme?
Tristan se renfrogne et arbore un air blessé, un peu triste.

— *Oui, heu, non, enfin… ma mère est morte il y a six mois d'un cancer, et mon père est parti quand j'avais six ans ; Je vis avec mon oncle qui veille sur moi…et ma cousine Flora… Si vous étiez d'accord, je… pourrais travailler genre… un jour par semaine, chez vous… pour apprendre…?*
Ah…
Le Maître se détourne, se lève, et marche vers le chat.

— *Comment t'appelles-tu ?*

Tristan, monsieur,

— Eh bien, jeune homme, je pense que tout travail mérite salaire, et un jour par semaine me parait insuffisant pour apprendre correctement le métier, mais pourquoi pas, je vais y réfléchir. Je pars à un congrès, pour deux semaines. Reviens dans quinze jours, apportes moi quelques croquis, pour que je vois ce dont tu es capable. Reviens, disons, voyons, jeudi vers 14 h, et si tu es toujours disposé à travailler, nous étudierons les conditions de ton embauche.

Le jeudi en quinze, Tristan apporte avec lui des croquis réalisés sur papier calque. Depuis qu'il est petit, Tristan aime dessiner, essentiellement des plantes, des feuilles, des fleurs. Il réalise des dessins luxuriants de fougères exotiques, ou communes, qui rivalisent de couleurs et de souplesse. Le trait de Tristan est élégant, fin, nerveux. Ses esquisses racées témoignent d'une maturité rare pour son âge. Le Maître examine minutieusement chaque tableau, parfois avec une loupe. Tristan attend.

Les arabesques des lianes ont été reproduites selon des modèles pris dans la nature. Tristan adore se promener dans les serres des jardins botaniques où les lianes des forêts équatoriales ou amazoniennes exhalent leur parfum et leur vigoureuse beauté. Les fleurs sont croquées, si vivantes qu'on s'attend à les voir sortir de la page blanche. L'homme s'adoucit, et caresse les esquisses. Tristan respire plus profondément.

Pendant ces quinze jours, Tristan a réfléchi. Il s'est inscrit à l'université, en Biologie, pour devenir botaniste. Il aimerait pouvoir travailler dans la boutique de tatouage à mi-temps et aller à ses cours, apprendre l'univers des plantes, dans lequel il se sent bien, pendant l'autre mi-temps.

2

L'APPRENTISSAGE

A l'issue de la visite de Tristan, le Maître accepte de le prendre à l'essai.

— *Je suis d'accord, je veux bien te donner ta chance et te prendre comme apprenti. Mais il faudra que tu travailles à mi-temps, sinon, ce serait insuffisant. Si tu es d'accord tu peux commencer lundi prochain.* Tristan, trop heureux, de l'accord du Maître, a commencé son travail avec l'homme à la larme bleue.

Il vient chaque semaine, dans la boutique, deux jours par semaine. Peu à peu, avec l'aide du Maître, il apprend l'art du tatouage. En même temps, se noue entre cet homme et ce jeune homme, une relation forte.

Le Maître lui transmet son art. Chaque jour, il consacre une heure à lui enseigner l'art de tatouer, et à lui prodiguer des conseils.

Tristan est très doué. Il est jeune, apprend vite. Passionné de botanique, il a tendance à préférer proposer aux clients, les plantes qu'il affectionne.

Un jour, à la fac, pendant un cours en Amphi, il rencontre une jeune fille, Amélia, qui s'assoit à côté de lui :
— *Salut, tu t'appelles comment ? Moi c'est Amélia,*
— *Tristan*
Elle lui raconte qu'elle adore l'univers des tatouages. Elle traine souvent dans les salons ou les expositions, dans lesquels, elle a entendu parler du Maître, plus comme une légende, que comme une réalité. Elle pensait d'ailleurs qu'il n'existait pas. Elle rêve de se faire tatouer une rose sur le bras.
— *Je t'ai vu faire des croquis, tu sais j'adore les tatouages. Je trouve que tes dessins sont magnifiques, ils feraient surement des tatouages super Tristan* lui révèle qu'il travaille avec le Maître.
— *Justement, pour me faire de l'argent je travaille chez un tatoueur, assez connu, on l'appelle le Maître des tatouages, l'homme à la larme bleue*
— *ouaou, ce mec est une légende, je pensais qu'il n'existait pas! Tu m'emmèneras chez lui, un jour, j'aimerais trop qu'il me tatoue, genre une rose rouge là.* Amélia montre le haut de son bras.
Tristan, hésite, il aimerait la tatouer lui-même. Il a envie de posséder ce jeune corps, cette peau bistre, de dessiner dessus comme si c'était une feuille vivante. Il veut réaliser lui-même le tatouage d'Amélia. Il accepte, à contre cœur de la présenter au Maître.

— *Bon d'accord, je t'emmènerai cette semaine, tu verras avec lui pour
ta rose !*

Amélia saute de joie :

— *Oh trop bien, génial, tu es super, bon allez à plus alors*

Amélia tourne les talons, et s'éloigne toute au plaisir de sa trouvaille.

Le jeudi suivant, Amélia retrouve Tristan devant la boutique. Il la
fait entrer.

Amélia est très excité à l'idée de rencontrer une telle sommité du
monde des tatoueurs.

Le Maître entre. Il la salue

— *Bonjour mademoiselle, que puis-je pour vous ?*

Amélia, rougit, intimidée, soudain de se trouver face à lui. Elle
demande au Maître s'il accepterait de réaliser un tatouage sur elle.

— *Bonjour monsieur, je voudrais un tatouage, une rose rouge là sur
mon bras*

Le maître hoche la tête. Tristan, demande au maître s'il peut dessiner la rose.

— *J'aimerais réaliser le dessin du tatouage de la rose d'Amélia, s'il
vous plait*

Le Maître commence par refuser :

— *Non je ne tatoue que des dessins que j'ai réalisés moi-même, tu le
sais très bien*

Tristan insiste :

— 		*Oui, mais là Amélia est une amie, elle sera d'accord j'en suis sûr et comme ça ce sera un peu de mon tatouage qu'elle aura sur le bras*

— Le Maître ferme à demi les yeux, puis :

— *Mumm, une amie mmm…*

Il sourit, un brin ironique :

— *Si cette jeune fille est ton amie,* mais il se ravise et reste fidèle à ses principes.

— *Non, je ne tatouerai pas la rose que tu dessineras, mais peut être pourrais-tu dessiner ton propre tatouage ?*

Puis, s'adressant à la jeune fille,

— 		*Rendez-vous mercredi prochain à 16 h, j'ai une place si vous voulez, comptez deux heures peut être un peu plus.*

Tristan ne comprend pas le message pour le moins ambigu de son mentor.

Le Maître sourit et tournant les talons, il laisse les deux jeunes gens, seuls dans la boutique.

Amélia et Tristan décident de sortir, fêter ça, après la fermeture du salon.

 Le mercredi suivant, Tristan assiste le Maître dans la réalisation du tatouage. Cela prend trois heures, pendant lesquelles, Amélia se montre très courageuse, puisque le Maître refuse de pratiquer la moindre anesthésie. La douleur est nécessaire à tout tatouage.

C'est en quelque sorte le prix du sang, un passage dans le monde des tatoués, le prix de la perte de la virginité de la peau.

Amélia résiste bien à la douleur, très forte, étant donné la quantité d'encre nécessaire pour le tatouage de cette fleur-là.

A la fin, le Maître, suspend son geste, et fait un signe de tête à Tristan. Il signe le tatouage de sa marque, la larme bleue.

Pour la réaliser, le Maître introduit une goutte d'une encre très
particulière, prélevée dans un flacon qu'il tient enfermé dans un
coffre, et dont personne ne connait la composition.
La rose est magnifique. Amélia est ravi. Elle paye le Maître, em-
brasse Tristan et lui dit
— *A tout à l'heure,* toute joyeuse.
Tristan finit son travail à la boutique.
Le maître range les outils pour les stériliser.
En sortant de son travail, Tristan passe chercher une bouteille de
vin à l'épicerie du quartier.

LE MAITRE DES TATOUAGES

Amélia doit venir dans son appartement, dîner avec lui pour fêter son tatouage tout neuf.
Tristan prépare le repas aux chandelles. Il cuisine et ouvre la bouteille de vinho verde.
La jeune fille arrive.
— *Tu sais, je suis trop contente de mon tatouage, ça faisait longtemps
    que j'avais envie d'en avoir un*
dit-elle, en lui souriant.
—   *Oui il est très réussi, il te va très bien,* répond le jeune
homme, qui se lève, la prend dans ses bras et l'embrasse longuement. La jeune fille lui rend son baiser. Ils se dirigent vers le lit,
dans le petit studio de Tristan et font l'amour. La rose, sur le bras
d'Amélia leur sourit.

Amélia et Tristan passent la soirée et la nuit ensemble. Tristan est content. C'est la première fois qu'il rencontre une jeune fille avec laquelle il a autant d'affinités.
Amélia s'intéresse à la botanique, elle voudrait travailler sur les plantes qui guérissent, peut être devenir biologiste dans un laboratoire de phytothérapie.
Les deux jeunes gens se réveillent au matin, et vont ensemble à la fac, main dans la main.

3

LE LIERRE BLEU

Tristan et le Maître des tatouages réalisent des tatouages, dans la boutique. Ils ont chacun une clientèle, le jeune homme s'autonomise dans son travail. Il devient capable de réaliser seul les tatouages du début à la fin. Le maître se montre très satisfait du travail du jeune homme. Les clients apprécient, eux aussi les tatouages réalisés par le jeune apprenti.

— *Maintenant que je tatoue tout seul, ce serait bien que j'ai ma propre signature non ? et pourquoi pas un soleil rouge ?* dit Tristan, s'adressant à son mentor.

L'homme, occupé à réaliser une commande délicate hoche la tête :

— *Mmm oui pourquoi pas…*

Un jour, Tristan est seul à la boutique. Il s'ennuie un peu. Il ne peut pas texto ter avec Amélia car elle est en cours, et ne répond pas.

Il se lève et furète dans les coins du bureau du Maître.

Il tombe sur un dossier volumineux, entouré d'un élastique, avec cette mention : confidentiel.

Tristan ouvre le dossier. Ce sont des articles et des recherches universitaires effectuées par une jeune femme, biologiste, phytothérapeute, le docteur Samaria, sur une plante, appelée, « Bifiduscandilia ».

Le jeune chercheur (se) a publié de nombreux articles sur cette plante, un lierre bleu, originaire de la forêt amazonienne.

La photo de la plante est magnifique. Tristan tombe sous le charme. Il dérobe la photo, avec l'idée de la reproduire, et de faire des recherches à la fac, sur les propriétés d'une telle plante.

Le dernier article attire son attention :

— *Mort mystérieuse d'une jeune chercheuse.*

L'article relate le décès prématuré de Laura Campbell, jeune femme découverte morte dans son appartement. Un décès aux causes non élucidées comme la disparition de l'intégralité de ses dernières recherches sur la plante appelée « bifiduscandilia ».

La jeune femme a été découverte morte au matin, par sa femme de ménage. Il y avait des traces de lutte mais aucun indice de l'identité de son agresseur, ni de la cause de son décès.

Son petit ami de l'époque, un apprenti tatoueur, un instant soupçonné sera relâché faute de preuves.

Une photo présente Grégoire Duprès, le petit ami, dans lequel Tristan reconnait son mentor actuel.

Tristan ferme la boutique. Il rentre chez lui, pensif. Il veut aller à la fac pour rechercher des informations sur la plante découverte chez le Maître, le Bifiduscandilia.

Chez lui, il effectue de nombreux croquis, et esquisses de la plante bleue.

A la fac, il cherche des informations concernant le lierre bleu. C'est une plante rare, qui vient d'un coin reculé dans la forêt amazonienne. Peu de biologistes ont travaillé dessus, car la plante est très peu connue et sa cueillette difficile.

Le docteur Samaria est presque la seule à avoir travaillé dessus.

Tristan cherche des renseignements sur elle.

La plante est utilisée par les indiens d'Amazonie, pour empoisonner leurs flèches, lorsqu'ils vont à la chasse. C'est un poison très puissant, qui paralyse tous les centres nerveux et qui conduit progressivement à la mort par asphyxie. Comme le curare, son cousin, une faible quantité extraite du lierre bleu a un pouvoir curatif.

Mais si l'on augmente la quantité, cela devient un poison très puissant, indétectable aux analyses.

Sur les photos, la plante est d'une rare beauté, un bleu très étrange presque doué de vie dans la force et la couleur, des feuilles larges, et fines, qui grimpent autour du tronc des arbres, les enserrant dans une gangue bleu foncé.

Fasciné par la couleur de la plante, Tristan a le sentiment d'avoir trouvé la teinte du tatouage parfait, qu'il veut pour lui-même.

Il veut cette plante sur sa peau, il veut posséder le lierre bleu, sa couleur sa brillance, il veut que sa peau intègre la plante, fasse alliance avec elle, l'accepte en elle.
Il veut aussi comprendre comment les propriétés d'une telle plante a pu échapper aux tatoueurs. Le lendemain, Tristan se rend à la boutique. Il est inquiet de ce qu'il a trouvé dans les articles, concernant la jeune chercheuse. Il se demande pourquoi le Maitre ne lui a jamais parlé de son passé. Il est également déterminé à se faire tatouer la plante sur l'épaule et le cou.

4

LE DEAL

A l'ouverture de la boutique, Tristan profite de l'absence de clients, pour demander au maître qu'il lui tatoue le lierre bleu sur l 'épaule et le cou. Le maître regarde le jeune homme et lui dit :

— *non, je refuse de te tatouer cette plante sur le cou, elle est maudite, tu ne sais pas ce que tu risques en te faisant faire ce tatouage.*
 Tristan ne veut rien savoir, il insiste, il veut son tatouage il est prêt à tout pour l'obtenir.

— *Allez, je suis sûr de moi, je veux ce tatouage du lierre bleu, je suis sûr que c'est mon tatouage, ma marque, mon emblème, j'adore cette plante, je vous paierai, je vous donnerai ce que vous voulez, en échange.*

Le maître *refuse* :

— *non, pas question, il n'en est pas question tu n'as aucune idée de ce que tu dis.*

Tristan lui répond, provocateur :

— *Ça a à voir avec votre petite amie de l'époque ?*
 Le Maître, s'arrête, le dévisage, ferme demi les yeux et dit, agacé :

— *Ah je vois que tu es allé fouiller dans mon passé.*

Il laisse passer un moment de silence et poursuit avec un léger sourire, se ravisant :

— *Puisque tu insistes, mais… je veux …une nuit avec ta petite amie, en échange.*

Tristan est sonné, il ne s'attendait pas à cela de la part de son mentor. Il refuse.

Sidéré, il tourne les talons et sort de la boutique. Il erre dans la ville en proie à un questionnement sur le bien, le mal, la vie, la mort. Il est totalement perdu.

Il hésite. Il entre dans un bar et se saoule. Il est ivre, lorsqu'un de ses potes entre avec une bande de copains.

Ils sont passablement éméchés. Ils vont de bars en bars. Tristan se joint à eux. Les jeunes gens, fument de l'herbe et boivent toute la nuit.

Au petit matin, Tristan se retrouve dans un lit avec une fille qu'il ne connait pas. Elle lui sourit et lui apprend qu'ils ont fait l'amour toute la nuit. Des photos sont déjà sur Facebook. Tristan est catastrophé, Amélia risque de l'apprendre ou de tomber sur ces images compromettantes.

Tristan est toujours hanté par l'image du tatouage. Il est obsédé par la vision du lierre, il ne peut pas y renoncer. Et maintenant, il y a Saphia qui a envie de lui et veut le revoir. Tristan ne sait plus quoi faire.

Au matin, dépité, fatigué, Tristan n'a pas totalement dessaoulé. Toujours sous l'effet de l'alcool, il se rend à la boutique et accepte, la proposition du Maître, persuadé que celui-ci, au dernier moment, renoncera à Amélia comme paiement du tatouage.

Le Maître lui dit seulement :

— *Viens ce soir, à 18 h, je tatouerais le lierre sur toi...*

L'opération dure longtemps, le jeune homme souffre car le dessin nécessite une pigmentation particulière.

Tristan veut que la feuille du lierre couvre tout son cou, le Maître refuse et réalise un tatouage plus discret.

Tristan pleure de souffrance chaque fois que le Maître utilise cette encre bleue dont il a fait sa signature.

Enfin, le Maître estime que le tatouage est terminé.

Tristan se lève, chancelle. Il doit s'asseoir tellement la tête lui tourne.

Il regarde le tatoueur, sait qu'il doit s'acquitter de sa part du marché et sort.

Tristan et Amélia se retrouvent sur les bancs de la fac. Tristan raconte son tatouage à Amélia, en disant qu'il trouve que ce n'est pas suffisant et qu'il va y retourner pour que le Maître poursuive le tatouage. Il passe sous silence la soirée et la nuit passée avec Saphia.

En même temps, Tristan d'habitude assidu et intéressé par les enseignements de botanique, se désintéresse des cours.
A la pause, il se lève et quitte l'amphi.
Il rentre chez lui et se met à dessiner comme un fou, le lierre bleu.
Puis, peu à peu, il dessine le corps d'Amélia et la plante qui l'enserre, et l'étouffe. Les croquis sont saisissants de réalisme et d'horreur. Amélia a une expression de peur, de terreur sur le dernier croquis, où l'on voit le lierre coloniser le corps de la jeune fille, et étouffer sa victime qui agonise.
Amélia inquiète, suit Tristan le soir suivant, à la boutique.
Tristan, halluciné, prend le dernier dessin sous le bras. Il frappe à la porte de la boutique et entre.

5

LE DERNIER TATOUAGE

Ce soir-là, le Maître a préparé un breuvage qu'il offre à Tristan et à Amélia. Drogue puissante, fait son effet. Amélia et Tristan sombrent dans une semi conscience.

Au bout d'un certain temps, Tristan se réveille, prend son aiguille à tatouer et commence à tatouer la jeune fille. Le lierre bleu prend forme sur le corps d'Amélia.

Grégoire entre dans la pièce et profitant d'une pause du jeune homme qui reprend partiellement ses esprits, saisit à son tour l'aiguille à tatouer et poursuit le dessin commencé par le jeune homme.

Le corps d'Amélia devient un tatouage géant réalisé par les deux hommes dont aucun ne peut s'arrêter.

Cela dure plusieurs heures. Amélia est dans une sorte d'inconscience, elle ne distingue plus ce qui est douleur de ce qui est supportable.

Poupée de chiffon entre les mains des deux tatoueurs, elle prête son corps, indifférente, anesthésiée. Elle devient leur chose, leur œuvre commune.

A la fin, son corps entier est tatoué. Le travail de chacun des deux hommes s'entremêle, de telle façon que personne ne peut distinguer qui de Grégoire ou de Tristan a fait quoi.

Aux premières lueurs de l'aube, Tristan et Grégoire font l'amour à tour de rôle avec Amélia.

Le corps de la jeune fille est entièrement entouré de gaze. Mais elle ne parvient pas à sortir de sa torpeur, probablement renforcée par la douleur du tatouage.

Tristan est obsédé par son tatouage et tourmenté par la culpabilité de ce qu'il a fait subir à Amélia. Ils ne vont plus en cours. Tristan prend un verre avec Saphia, la jeune fille rencontrée lors de la nuit d'ivresse.

Amélia reste dans la boutique, étendue sur son lit de douleur, elle ne se réveille pas.

Tristan veille à son chevet que peu à peu il ne quitte plus.

Pour son tatouage, Tristan n'en a jamais assez. Il demande au Maître de lui rajouter des feuilles pour que la plante recouvre entièrement son corps, comme Amélia.

Le Maître refuse. Le jeune homme insiste. Il reste assis pendant des heures dans la boutique, obsédé par son tatouage. Il réalise des dessins de plus en plus grands de plus en plus colorés de la plante. Les croquis couvrent les murs de l'atelier, comme si le lierre était tout entier dans l'atelier même.

Le Maître essaie de raisonner le jeune homme qui refuse de rentrer chez lui. Rien n'y fait, la prière, la menace, rien. Tristan reste sourd.

Amélia est restée dans la boutique. Elle se remet lentement de cette nuit funeste. Son corps est un gigantesque tatouage. Elle souffre. L'encre est un poison sur son corps, une autre peau qui la démange et la brûle sur toute la surface tatouée.
Elle émerge de phases de semi inconscience, dans un état comateux et nauséeux.
Tristan reste à son chevet, impuissant.
Le tatouage réalisé sur le corps de la jeune fille luit doucement. La teinte bleue est parfaite, elle est devenue une sorte de déesse bleue, pas un centimètre de peau n'est épargné.
La jeune fille est allongée sur un lit de fortune, dans l'atelier que Grégoire a fermé pour une semaine.
Tristan est allongé aux côtés d'Amélia, dans un état d'hébétude qui frôle la folie.

Le Maître sort de la boutique, disant qu'il les laisse dormir et qu'ils reparleront plus tard. Il ne veut pas rajouter un centimètre de tatouage, sur son corps.
Au matin suivant, la boutique est ouverte aux quatre vents. Le coffre-fort où Grégoire gardait l'encre bleue a été fracturé, Tristan et Amélia gisent dans une mare de sang. Tristan a le corps tatoué

du lierre bleu, jusque dans les yeux, le lierre recouvre entièrement
son corps. Tristan tient encore l'aiguille à tatouage à la main.

Tatoués sur la totalité du corps, Tristan et Amélia sont étendus
enlacés, nus comme s'ils venaient de faire l'amour, dans un tatouage qui efface les imites entre les deux corps. Les croquis réalisés par Tristan entourent les jeunes gens, en une danse macabre. Le
lierre enserre les deux jeunes gens de son embrasse mortelle.
Une pousse de lierre bleu, les emprisonne dans une gangue de ver-
dure qui les réunit dans une ultime et fatale étreinte.
Une branche bleue s'échappe d'un des yeux du jeune homme et
rampe sur le sol, en direction de la fenêtre ouverte…

LA PETITE VOISINE

LA PETITE VOISINE

Jean vit au bord du fleuve, seul, entre son père, pêcheur professionnel, et sa mère, infirmière libérale.

Jean est un enfant rêveur. Sur son vélo, il se promène et erre désœuvré et
solitaire, dans ce hameau fantôme du bord de l'eau.

Parfois, il entre dans les maisons abandonnées, qui peuplent ce quartier
perdu des bords de Dordogne.

Le jour, lorsqu'il revient de l'école, il longe les maisons vides et désaf-
fectées, aux volets clos. Les fenêtres sont cassées, les meubles sont défoncés, les canapés éventrés, de la poussière git un peu partout, les lits sont
tachés. Des journaux épars témoignent d'un autre temps. On dirait
qu'une guerre a eu lieu. Plus souvent, un départ, une mort ou une mala-
die, laisse la maison livrée à elle-même. Le propriétaire est transporté à
l'hôpital, le séjour se prolonge. Au début, une voisine passe relever le
courrier, ou nourrir le chat. Le chat finit par s'enfuir ou par mourir, le
courrier s'amenuise et se réduit à des publicités sans intérêt. La maison
sombre alors dans l'oubli.

Les enfants, quand il y en a, sont loin et ont fait leur vie ailleurs. Ils
ont perdu de vue le vieil oncle ou la vieille tante, qui leur offrait des gâ-
teaux secs dans leur enfance. Pris par les soucis de la vie en ville,
l'instantanéité des réseaux sociaux gourmands en temps et en chats, les
enfants grandissent et se perdent dans les paradis virtuels, oublieux de
leurs vieux parents.

1

LA GRANDE MAISON VIDE

Au milieu des existences enfuies des autres, Jean s'invente des histoires.
Il devient un autre, imagine des vies, crée des personnages, hante les maisons vides. Il joue des heures avec les fantômes du passé des personnes
qui ont habité entre ces murs, et qui ont laissé des témoignages que nul
n'est venu réclamer.
Une maison en particulier, l'attire, vers laquelle il revient toujours.
C'est une grande bâtisse mal fagotée, construite en carré sans grâce. Ses
murs se lézardent et ses volets sont de guingois. Elle serait banale si elle
n'était d'une taille exceptionnelle.
La première fois que Jean est entré à l'intérieur, il a été subjugué par
l'espace. Lui qui habite une toute petite maison en contreplaqué, au bord
de l'eau, qui risque d'être inondée à chaque grande marée ou à chaque
crue du fleuve. Sa mère lui répète souvent qu'ils pourraient mourir noyés,
si un jour, le fleuve se fâche, et si, par caprice, ou mauvais temps, il en
vient à passer la digue. Jean reste éloigné du fleuve dont il craint les in-
cartades.

Jean prend l'habitude d'aller jouer dans la grande maison vide. Il se familiarise avec l'espace. Il en prend possession. Dans cette maison singulière, il joue à un jeu particulier : Il joue à être mort.

Dans l'espace immense et vide de la maison abandonnée, il s'imagine mort. Il s'allonge sur le sol, ferme les yeux, et rêve au chagrin de sa mère, à l'attitude peinée et un peu distante de son père. Il voit la petite maison au bord de l'eau sans lui, le temps qui passe et la poussière qui envahit sa minuscule chambre vide. Pour Jean, la mort, se transforme dans les maisons vides en une compagne fantasque, qui prend les aspects délétères des personnages du passé évanescent des maisons hantées. Jean se rappelle que quand sa mère était triste parce qu'elle avait perdu le bébé qu'elle attendait, elle l'emmenait avec elle dans le cimetière de Fronsac, et là, sur le petit tertre où reposent les enfants morts, elle lui racontait les histoires des enfants du village et des familles qui ont perdu un des leurs. Jean avait six ans. C'est là qu'il a rencontré Jerry. Jerry est un des enfants morts, enterré dans le cimetière. Jerry est devenu le compagnon imaginaire de Jean.

Jean et Jerry sont devenus inséparables, en particulier quand la mère de Jean est triste. Jean, petit, écoutait sa mère, en jouant au milieu des tombes. Il se demandait pourquoi il ne parvenait pas à la faire rire. Alors, se sentant un peu seul, il appelait Jerry et jouait avec lui.
Son gout immodéré pour les morts devait venir de cette époque.

2

L'ANNONCE DE LA MERE

Un jour, comme il rentre chez lui, il croise sur sa route la voiture de sa mère. Celle-ci s'arrête et lui confie passer chez leur voisine, une jeune femme atteinte d'un cancer.

Elle lui dit que tout le monde se demande combien de temps elle va rester là entre la vie et la mort, à faire des allers et retours entre sa maison et l'hôpital, que c'est une torture qu'il faudrait que ça s'arrête. Sa mère volubile et prolixe, lui donne des détails et lui communique sa crainte de voir mourir sa patiente.

Jean revient d'une de ses virées dans la grande maison. Jerry est à ses côtés. Il le consulte et, Jerry, d'une voix d'outre-tombe, lui répond :

— une semaine, il lui reste une semaine.

 Sa mère, passe son chemin. Elle fait un signe désinvolte de la main, pour conjurer un sort trop funeste et signifier, que, pour ces choses-là, on ne sait pas, qu'il vaut mieux ne pas savoir, et laisser au temps qui passe, sa part de mauvaises nouvelles.

Jean pense que Jerry lui révèle le jour de la mort des personnes qu'il rencontre. Mais il y a des règles en échange de cette information, Jean doit passer une journée entière dans la grande maison vide, une journée à jouer à être mort.

Jean a un rapport particulier avec la mort. Parfois, les choses mortes s'animent à son contact. Quand il va dans les maisons abandonnées, en particulier dans la dernière, celle qu'il investit davantage, c'est un peu comme si le halo qu'il perçoit chez ceux qui vont mourir, était présent. Autour de lui, une étrange lumière s'empare des poupées avec lesquelles il joue, les figurines de son enfance semblent douées de vie, animées d'une énergie propre, ne demandant qu'à renaître.
Il pense que les morts vivent dans un autre monde où parfois il réussit à aller.

Dans cet autre monde, Jean, ne doit pas parler, ni ouvrir les yeux. Il doit rester allongé sur le sol, dans la grande maison, pour entrer en contact avec le monde des morts et passer dans leur univers. La grande maison est un passage entre les deux mondes. Lui est une sorte de mage, doué de pouvoirs, capable d'entrer dans un monde et de vivre dans l'autre.
Mais il sait aussi que quand il rentre chez lui, après ces virées dans le monde des morts, il se sent fatigué, s'étend sur son lit avec son casque sur les oreilles et s'endort très vite. Sa mère a toujours beaucoup de difficulté à la réveiller. Son père ronchonne parce qu'il a faim et que le repas refroidit en attendant. Jean pense qu'un jour, il ne se réveillera pas.

3

LA RENCONTRE AVEC ALICE

Jean rentre chez lui.

Sur le chemin du retour, il passe devant une des maisons qu'il visite régulièrement. Elle est mitoyenne de la grande Maison.

La porte de la maison est béante, les volets sont grands ouverts, un camion de déménagement est garé devant.

Une dame enceinte dirige les opérations d'installation dans la maison. Les déménageurs charrient de gros meubles, des canapés, une table, des chaises. La dame donne des indications pour orienter la disposition des meubles dans la maison.

Comme elle disparait à l'intérieur, pour accompagner un des déménageurs, une petite fille blonde sort en trombe, trainant une poupée de chiffons avec elle, un chien sur ses talons.

Jean s'est arrêté, de l'autre cote de la route, sur son vélo, Il regarde la petite fille, captivé par son allure délurée et espiègle.

Elle tourne la tête, cligne des yeux, aveuglée par le soleil couchant.

Le chien se précipite, et s'échappe par le portail resté ouvert, pour faire la fête au jeune garçon. Jean est un peu gêné, et comme la petite fille s'approche pour récupérer son chien, Jean reprend son vélo, tourne les talons, et s'enfuit, en pédalant à toute allure.

Le lendemain, Alice vient sonner chez lui, très tôt. Jean est seul dans la maison, il ne répond pas.

Mais Hector, le grand labrador blanc aboie à tue-tête. Alice lui crie :

— Allez, je sais que tu es là sinon Hector n'aboierait pas, ouvre, fais pas la tête, allez tu as peur?

Piqué au vif, Jean lui ouvre la porte : bien sûr que non je n'ai pas peur …

Alice sourit au petit garçon. Sans attendre qu'il l'y invite, elle s'engouffre et entre chez lui, suivie d'Hector, qui jappe vigoureusement.

Alice très à l'aise, entre dans la chambre de Jean, et s'assoit sur son petit lit.

— Tu vas où à l'école ? moi, je vais aller à l'école de Fronsac. Mon père arrive demain. Il travaille à la centrale nucléaire, il est ingénieur et maman elle est en congés à cause de la naissance du bébé, sinon, elle est maitresse d'école, elle va travailler à l'école à Fronsac, quand il sera né, le bébé. Jean regarde Hector, qui suit Alice partout où elle va. Il est un peu saoulé par les paroles rapides et saccadées de la petite fille

Au bout d'un assez long silence, Alice se lève et dit

— Bon ben, il faut que je parte, sinon maman va s'inquiéter, salut.

Elle prend le couloir qui mène à la porte et, sans attendre de réponse, sort. Jean, n'a pas bougé, il entend les aboiements d'Hector qui décroissent jusqu'à ce qu'Alice entre chez elle.

4

L'ANNIVERSAIRE

A la rentrée des vacances de février, Alice et Jean se retrouvent dans la même classe.
Les deux enfants deviennent amis. L'amitié se change peu à peu en amour, pour Jean.
Il parle d'Alice aux morts, lorsqu'il va dans la grande maison. Mais, les morts l'écoutent moins depuis qu'Alice est entrée dans sa vie.
Un jour, Jean, emmène Alice dans la grande maison, il lui dit qu'ils vont jouer à un jeu. Et il lui révèle qu'il peut être mort, et aller avec les morts jouer avec eux. Alice, allongée par terre à coté de Jean, ne trouve pas ce jeu très drôle. Elle a froid, la terre battue sous son dos est humide. Elle ne parle pas aux morts, comme Jean.

Un aboiement d'Hector la rappelle à la vie, et d'un bond, elle se lève et rentre chez elle laissant Jean seul avec les morts. Jean ne lui a pas révélé la présence, à ses côtés, de Jerry.

Une fois rentrée chez elle, elle est rassurée, dans l'univers familier de sa maison, son chien, son père qui est rentré. Elle saute dans les bras de sa mère, qui l'entoure et lui dit qu'elle l'aime plus que tout.
Alice lui demande si elle l'aimera toujours quand le bébé sera là.
Sa maman sourit et lui dit que bien sûr, que le bébé ne changera pas l'amour qu'elle a pour elle, qu'elle restera toujours sa fille chérie. Sa maman, en l'embrassant lui dit que d'ailleurs, c'est un garçon et qu'elle restera toujours sa fille chérie et unique.
Alice, rassurée, sourit en posant la tête sur la rotondité du ventre maternel. Alors, comme un clin d'œil, le bébé donne un petit coup de pied qui déforme la matrice en forme d'aquarium du bébé.
—   Aïe !!Et bien petit chenapan tu veux déjà t'amuser avec ta sœur, non, non non, pas encore attends un peu ! sourit la mère…
Alice sourit, déjà complice avec le bébé, à travers la fine membrane, elle lui donne un baiser. Le soir, sa maman, lui propose de fêter son anniversaire qui a lieu dans huit jours et à cette occasion lui dit qu'elle peut inviter quelques amis de l'école.
Ravie, Alice va dans sa chambre avec Hector, et fait la liste de ceux qu'elle veut inviter. Elle prépare les invitations sur son ordinateur.
Elle les montre à sa mère qui lui donne son accord.
Ils seront huit. Six filles et deux garçons. Jean et Victor. Malicieuse, sa maman lui demande lequel est son amoureux. Très sérieuse, Alice lui dit qu'elle ne sait pas qu'elle aime les deux, sans doute. Le jour de son anniversaire, Alice reçoit ses amis, chez elle. Au cours, de la party, Alice, un peu grisée par les jeux, révèle aux autres enfants que Jean s'amuse à faire le mort et qu'il parle avec les morts aussi.
Les autres rient et lui demandent de leur montrer.
Jean, très gêné, refuse, et foudroie Alice du regard.

Victor, alors, lance un autre jeu. Il propose de jouer à cache-cache avant de manger le gâteau. La mère d'Alice leur dit d'être sages pendant qu'elle va chercher le gâteau d'anniversaire chez le pâtissier du village.
Dès que sa mère est partie, Alice propose aux enfants d'aller dans la grande maison, à côté pour mieux jouer à cache-cache.
   Les enfants courent et entrent en criant dans l'immense maison vide. Jean a l'impression que les enfants violent son domaine. Il supporte très mal qu'Alice ait proposé ça aux autres. Elle le trahit. Les hurlements des enfants dérangent les morts et Jerry lui dit son mécontentement. Jean a les larmes aux yeux. Pour la première fois depuis sa rencontre avec Alice, il souffre.
Le retour de la voiture de la mère d'Alice met fin à la partie de jeu. Les enfants repartent dans la maison d'Alice.
Ils font une « pignata » et jouent encore jusqu'au soir ;
Puis les parents viennent les récupérer. Sauf, Jean qui, en voisin, repart seul en vélo, chez lui.

5

ALICE SE DESINTERESSE DE JEAN

Les jours qui suivent l'anniversaire d'Alice, la petite fille se désintéresse progressivement de Jean. Elle se rapproche de ses copines et traine avec elles. Le garçon est un peu isolé à l'école. Alice devient de plus en plus populaire. Elle parle avec Victor, et semble préférer sa compagnie à celle de Jean.
Les deux enfants n'ont plus grand chose en commun.
Jean passe de plus en plus de temps dans la grande maison. A la suite de l'anniversaire d'Alice, les esprits lui disent qu'ils ne sont pas contents. Ils ont été dérangés par les cris et les hurlements des enfants, ainsi que leur manque d'attention.

Jean essaie de les calmer en disant que cela ne se reproduira plus. Mais les esprits demandent un sacrifice en échange de leur repos, sinon, ils viendront torturer Jean dans son sommeil ou pire ils s'en prendront à sa mère.

Jean a peur. Il refuse. Mais il sait qu'il ne pourra pas résister longtemps aux esprits. Jerry, ne dit rien, il se tient silencieux à ses côtés, muet. Jean devient plus en plus solitaire. Il s'écarte des autres et joue souvent seul.

Inquiète, sa mère demande un entretien avec sa maitresse pour parler de l'attitude étrange de Jean. La maitresse lui déconseille de laisser Jean jouer seul dans les maisons vides, qui d'ailleurs devraient être détruites dans quelques jours.
Les vieilles maisons insalubres donnent au quartier un air d'abandon et de délabrement et les habitants nouvellement arrivés, ont décidé de demander à la mairie de les raser.

Le quartier y gagnerait en air neuf et en prix de l'immobilier; le hameau endormi, pourrait revivre, attirer de nouvelles familles. On construirait une digue digne de ce nom, pour barrer les caprices du fleuve et les risques d'inondation, bref, de grandes choses deviendraient possible. La vie reprendrait ses droits et on oublierait le passé.
Jean est atterré par la nouvelle.

6

LA LUTTE CONTRE LES ESPRITS

Jean est dans la grande maison, il est seul, dans une pièce immense.
Au premier étage, le plancher est à moitié effondré, et fait un trou, qui permet de voir l'entrée de la maison.
Jean imagine les anciens propriétaires dont il sait qu'ils ont vécu un drame.
Le père de deux jeunes enfants a été tué par son propre père sous les yeux de ses enfants.
Jean ferme les yeux et imagine le meurtre. Puis, il rêve à ce que ça lui ferait de voir son père tué sous ses yeux.
Il appuie très fort sur ses paupières et voit des gouttes de lumière rouge et blanche danser devant ses yeux.
Il voit le père de Jerry rentrer le soir et une balle lui traverser la nuque.

Jean est derrière le père, il imagine recevoir le grand corps du père dans ses bras. On lui a raconté l'histoire du petit Jerry qui reçoit le corps de son père tué sous ses yeux, dans ses bras. Il est Jerry. Il fait face à son grand père qui abaisse lentement l'arme qui vient de tuer son propre fils.

Il est tombé sous le poids du corps de son père. Il aperçoit les chaussures
de son grand père qui tournent les talons et s'en vont.
Puis comme chaque fois, il imagine être mort. Il voit son corps dans sa
petite chambre, inanimé et sa mère qui pleure à côté de son lit.
Il devient alors un esprit. Il vole. Il ne sait plus s'il est Jerry ou Jean. Un
peu des deux. Peut-être est-il Jerry et Jean à la fois, l'esprit de l'un dans le
corps de l'autre.
Il sort de la maison, prend son vélo, et passant devant la maison d'Alice,
croise Alice et Hector qui jouent dans le jardin.

Alice lui fait un grand signe de la main. Il s'arrête, et apprend que la
mère d'Alice est à l'hôpital pour accoucher de son petit frère.
Le père d'Alice demande à sa fille de rentrer, faire ses devoirs et se préparer pour diner.
Pris d'une impulsion subite, Jean lui donne rendez-vous demain mercredi, ils n'ont pas classe dans la grande maison, il veut lui montrer quelque
chose.
Alice, tord le nez, elle n'aime pas tellement jouer aux esprits avec Jean, la
grande maison lui fait peur, et sa mère lui a recommandé de ne pas aller
dans ces maisons lugubres et insalubres du bord de l'eau.
Elle hésite, puis, prise de remord, de son attitude des derniers jours, envers son premier copain, finit, à contre cœur, par accepter.

7

LE DERNIER RENDEZ-VOUS

Le lendemain, Jean a apporté son pistolet à billes. Il veut montrer à Alice qu'il est un vrai pro de la gâchette. Il dispose des boites de conserves en pyramide dans le fond de la pièce, comme à la fête foraine. Il est très fort à ce jeu, il dégomme toujours le tas et même quand il n'en reste qu'une, il la décanille sans problème.

Une fois le tas de boites de conserve installé, il va chercher Alice chez elle.

— Alice n'est pas très enthousiaste, et son père lui a recommandé de ne pas s'éloigner de la maison car après son travail, il doit passer la chercher pour aller voir sa mère et son petit frère, à la maternité.

Jean insiste,

— Allez Alice, juste un peu, on laisse Hector chez toi, on y va un petit moment, je te montre ma surprise, et on revient, ton père n'en saura rien, cela ne prendra que très peu de temps.

A contrecœur, Alice cède. Les deux enfants jouent un moment au jeu de massacre ; Alice est distraite et manque souvent sa cible. Elle ne ressent plus le plaisir qu'elle avait à être avec Jean, et pense au contraire qu'il est bizarre. Elle préfère, maintenant qu'elle le connait mieux, la compagnie de Victor, garçon drôle et attentionné, qui lui propose de jouer à des jeux d'enfants de son âge, et pas de trainer dans des maisons vides et sans intérêt.

Alice fronce le nez.

Jean voyant le désintérêt de son amie, lui dit soudain :

— Je sais, on va jouer à être Jerry et Samantha, ce sont les enfants qui habitaient là avant! Devant un tel enthousiasme, Alice n'ose pas refuser.

Jean, directement branché sur les esprits, devient Jerry.

L'histoire de Jerry ne s'arrête pas au moment où il a vu son père se faire tuer d'un coup de fusil par son grand-père. L'histoire que la mère de Jean lui a racontée lorsqu'il était petit et qu'elle l'emmenait dans le cimetière jouer parmi les tombes, lui narrant les histoires des familles enterrées du village, est la suivante.

Jerry, rendu fou par la scène à laquelle il avait assisté, a tué d'un coup de fusil, sa petite sœur, Samantha âgée de cinq ans. Un accident, ont dit les gens du village, Jerry décrochait l'arme pour la donner à sa mère, le coup serait parti tout seul, l'arme était chargée sans que personne ne le sache. Samantha a été tuée sur le coup. Jerry, devenu fou de douleur, a mis fin à ses jours quelques années après. On ne sait pas ce qu'est devenue leur mère disparue dans le fleuve, un jour de Mascaret.

Alice ignore tout de l'histoire macabre des habitants de cette maison.

Jean devient Jerry, l'enfant fou par qui le malheur arrive.

Alice est solaire, elle a du mal à devenir Samantha, elle n'a pas envie de rentrer dans la peau d'une fillette de cinq ans. Alors pour ne pas contrarier Jean, en cachette, elle pense à Victor, à son père et à sa mère et au bébé qu'elle a trouvé pas très beau dans son berceau à la maternité, sur les photos envoyées par sa maman sur le téléphone de son père. Il lui tarde de le voir en vrai.

Elle a fermé les yeux. Elle sent une main se glisser dans la sienne, et une voix lui murmurer à l'oreille :

—   Garde les yeux fermés, on va aller dans leur chambre, la chambre de Jerry et Samantha. Jean la prend par la main et lui fait monter un escalier branlant auquel il manque des marches. Elle ouvre à demi les yeux, en trébuchant.

Fâché, il lui met la main devant les yeux pour ne pas qu'elle voit avant d'être arrivée.

Ils parviennent dans une grande chambre, les placards sont restés ouverts garnis de vêtements, les petits lits sont défoncés, un matelas git par terre, éventré.

Jean conduit Alice, et la fait asseoir dans un fauteuil en velours jaune.

Il lui dit :

—   Tu peux ouvrir les yeux.

Alice parcourt du regard la chambre des enfants. Au milieu de la pièce, un trou immense laissé par le plancher défoncé, à travers lequel on aperçoit le sol, quelques mètres plus bas.

Jean, les yeux clos est couché sur le sol. Il parle avec une drôle de voix. Il lui raconte qu'il est maintenant Jerry, et qu'il est mort.

Alice ne trouve plus du tout cela drôle. Le jour baisse, les ombres s'allongent dans la grande maison. Elle entend au loin, étouffé par les gros murs de pierre les aboiements sonores d'Hector qui la cherche, pour jouer au ballon, ou poursuivre un chat.

Elle regarde encore une fois Jean. Elle voit sur le mur, une ombre qui lui montre l'escalier et lui fait un signe. Alice étouffe un hurlement dans la gorge. Jean n'a pas bougé, allongé sur le sol, il est mort. L'ombre arrive vers elle, le soleil darde ses derniers rayons conférant à la pièce une atmosphère lugubre et triste.

Prise de panique, elle tourne les talons et se précipite dans l'escalier
qu'elle redescend quatre à quatre.
Elle arrive juste à temps en bas, pour rejoindre le grand labrador blanc
qui lui fait la fête insouciant, heureux de l'avoir retrouvée. Les ombres et
les esprits qui s'agitent, affolés des perturbations de leur monde silencieux. Jean est toujours immobile, sur le sol, les yeux clos.
Soudain, Alice entend Jean qui appelle, d'un drôle de voix comme dé-
formée par les années et le temps passé :
— Samantha, Samantha!!! viens… regarde je suis là...
La petite fille, lève les yeux vers le plancher défoncé de la chambre
d'enfants, d'où sort la voix. Jean a revêtu les habits de Jerry, il est bizarre
dans ces vêtements trop petits pour lui, un tee-shirt démodé avec Batman
dessus, un short bleu délavé en jean déchiré, étriqué. Il est Jerry.
Jean et Jerry se penchent par le trou. Ils lui adressent un signe de recon-
naissance, lui font signe de revenir vers eux, ils lui font un signe de la
main.

Soudain, ils perdent l'équilibre et basculent dans le vide, pour s'écraser
cinq mètres plus bas.
Affolée, Alice esquisse un mouvement pour empêcher la chute de son
ami.
Jean sourit en arrivant en bas. Sur le sol, brisé par sa chute, il murmure
dans un dernier souffle, à Alice qui se précipite pour le secourir, et le
prendre dans ses bras :
— Ne pleure pas, Samantha, Jerry arrive….

FIN

BRIGITTE HUE-PILLETTE